ALLEEN OP AVONTUUR

LIDEWEY VAN NOORD

ALLEEN OP AVONTUUR

KNNV Uitgeverij

Omslagontwerp Pankra
Omslagbeeld Lidewey van Noord
Foto auteur Fernando Nocco
Binnenwerk Zeno Carpentier Alting

Derde druk, 2022

ISBN 978 90 501 1776 0
NUR 502

MIX
Papier van verantwoorde herkomst
FSC® C004472

www.knnv.nl

De KNNV Uitgeverij is gespecialiseerd in unieke publicaties over natuur en landschap. Daarmee geeft de uitgeverij waardevolle kennis door van wetenschappers en amateurs aan een breed publiek. Zo draagt de KNNV Uitgeverij bij aan de bescherming van de Nederlandse natuur en aan het plezier dat mensen eraan beleven.

‘Nooit heb ik zoveel nagedacht, zoveel bestaan en geleefd, ben ik zozeer mezelf geweest, als ik dat zo mag zeggen, als op de reizen die ik te voet heb gemaakt, in mijn eentje.’

Jean-Jacques Rousseau in *Bekentenissen*

INHOUD

INLEIDING

In juni 2018 huurde ik voor een halfjaar een appartement in een plattelandsdorpje in de Italiaanse regio Piëmont, in de uitlopers van de Apennijnen. Tijdens de bezichtiging viel mijn blik op het raam in de woonkamer dat uitzicht biedt op de groene heuvels die het dorp omringen. Ik wist het meteen: voor dat raam zet ik mijn bureau, dat wordt mijn nieuwe schrijfplek en dit appartement is de komende maanden dus mijn nieuwe thuis.

Twee jaar en drie tijdelijke huurcontracten later heb ik het appartement nog altijd niet opgezegd, hoewel het leven in het dorpje met zevenhonderd inwoners soms verschrikkelijk saai is en ik mijn vrienden en familie in Nederland mis. En dat heeft alles te maken met die heuvels waarop ik uitkijk, en nog specifieker: met de wandelpaden in die heuvels.

Wanneer ik de voordeur achter me dichttrek en het dorp uit loop, de heuvel op, bevind ik mij binnen vijf minuten in een dennenbos dat grenst aan het Parco delle Capanne di Marcarolo, een beschermd natuurgebied van meer dan 8000 hectare. Het geluid van brommers en trekkers maakt plaats voor het gezang van vogels, tsjirpende krekels, het geritsel van hagedisjes die door het gras schieten. Ik ruik de aarde, kruidachtige planten, bloemen, de hars van de dennenbomen. Zie sporen van herten, dassen, vossen, hazen, konijnen en eekhoorns en heel soms van een wolf. En hoewel ik al twee jaar veelal dezelfde paden bewandel, is geen enkele wandeling hetzelfde. Een van de mooiste lessen die het bos mij leerde, is dat wij natuur vaak in verband brengen met stilte en verstilling, maar dat dat niet klopt: de natuur is juist altijd in beweging. Verglijdend licht, een zuchtje wind, wolken die vervormen, rondkruipende, -springende en -fladderende dieren. Tijdens elke wandeling zie ik schoonheid op een plek waar ik die nooit eerder heb gezien, zie ik vertrouwde paden, riviertjes en bomen in een nieuw licht.

Wat ik ook heb geleerd is hoe groot het menselijk vermogen tot veranderen is. De eerste wandelingen in mijn eentje door bossen waar ik geen mobiel bereik had en soms urenlang niemand anders tegenkwam, confronteerden me met angsten waarvan ik wist dat ik ze had (dat zich ergens achter een boom een verkrachter schuilhield) en totaal nieuwe angsten (een been breken, een hartaanval krijgen). De eerste maanden had ik altijd een zakmes in mijn broekzak zitten, klaar om te grijpen. Een paar keer ben ik zelfs omgekeerd en naar huis gegaan, omdat ik niet verder durfde. Als ik daar nu aan terugdenk, herken ik mezelf niet meer terug.

Ik heb het moeten leren, alleen op avontuur gaan in een natuurgebied en daar vooral plezier aan beleven. Inmiddels kan ik me geen leven meer voorstellen zonder die wandelingen – ze brengen me ontzettend veel. Maar ik had twee jaar geleden graag geweten wat ik nu weet.

Vandaar dit boek.

Ik heb dit boek niet alleen geschreven om anderen moed in te praten, maar ook om mezelf een zetje te geven. Ik verlang er al jaren naar om in mijn eentje een lange trektocht te maken. Om wekenlang in de natuur te zijn, op pad. Rugzak op, lopen, wildkamperen. Het lijkt me geweldig én ik vind het doodeng. Daarom sprak ik voor dit boek mensen die dat regelmatig doen. Niet alleen over hun positieve ervaringen, maar ook over hoe ze omgaan met hun angsten en hoe ze zich voorbereiden op extreme situaties.

Tijdens het schrijven dacht ik regelmatig terug aan een driedaagse trektocht die ik eind 2019 maakte door het Amazoneregenwoud in Colombia. Niet alleen, maar met een vriendin en een gids. Na ongeveer twee uur wandelen kwamen we aan bij een riviertje. Een dun en glad boomstammetje verbond beide oevers en lag ongeveer anderhalve meter boven het water. '*No*,' zeiden we tegen de gids.

We liepen verder. Naar een bruggetje, dacht ik, maar we bleken slechts naar een wat bredere boomstam te lopen. Bruggen zijn een fenomeen uit de bewoonde wereld, begreep ik al snel, in de jungle heb je slechts dit soort oerbruggen. Die eerste dag zei alles in mij dat ik beter niet over zo'n boomstam kon lopen, dat het een veel beter idee was om die rivier dan maar niet over te steken. Maar wie niet durft over te steken, komt nooit op nieuw terrein. Dus leerden we om voorzichtig over die stammen te schuifelen en om lange dunne takken in het water te steken, zodat we iets hadden om op terug te vallen als ons evenwicht ons in de steek liet. Het duurde eindeloos voor we aan de overkant waren.

Op dag drie – minstens dertig van die glibberige, onregelmatige oerbruggen later – liepen we over de boomstammen alsof we nooit stenen bruggen hadden gekend. We vertraagden amper en ik stak mijn stok soms niet eens meer in het water. Ik had vertrouwen gekregen in mijn eigen kunnen en beschouwde het oversteken van een rivier via een boomstam niet meer als een gevaarlijke situatie. Zo'n stam was gewoon een brug zonder reling.

Het was een typisch geval van oefening baart kunst, maar wat die oefening vooral baarde, was vertrouwen. In deze tijd, waarin elke ervaring uniek en *Instagrammable* moet zijn, lijken we het geduld om te oefenen te zijn kwijtgeraakt. Allerhande coaches gebruiken vandaag de dag een uitspraak van Pippi Langkous om cursisten mee te motiveren en inspireren: 'Ik heb het nog nooit gedaan, dus ik denk dat ik het wel kan.'

In juni 2020 werd de bus waarin de 24-jarige Chris McCandless bijna dertig jaar geleden een gruwelijke hongerdood stierf met een helikopter uit de wildernis van Alaska getakeld. Het voertuig was in de jaren zestig op die plek achtergelaten als schuilplaats voor jagers. McCandless, die in 1992 met slechte uitrusting en weinig proviand de wildernis in trok, verbleef er meer dan honderd dagen, tot zijn dood. Jon Krakauer tekende zijn verhaal op in *Into the Wild* (1996) en de verfilming van dat boek was in 2007 een grote hit. Sindsdien trokken mensen – die zo'n nare dood kennelijk ook wel zagen zitten – het ruige Denali National Park in om bij die bus foto's te maken voor op Instagram. Twee mensen kwamen om bij het oversteken van een rivier en er moesten regelmatig gevaarlijke en dure reddingsoperaties in gang worden gezet om gestrande toeristen op te pikken. Dus werd de bus weggehaald.

Pippi Langkous is een fictief personage dat een paard kan optillen. Wij zijn mensen. Dit boek is voor mensen. En de motiverende quote die ik graag wil meegeven is de volgende: 'Ik heb het nog nooit gedaan, dus ik ga er nu alles over lezen en daarna ga ik oefenen tot ik het kan.'

Goede reis!

ALLEEN OP PAD

Het heeft geen enkele zin om te ontkennen dat met anderen wandelen (of fietsen of schaatsen) gezelliger en veiliger is dan in je eentje de natuur in trekken. Gesprekken met vrienden, familie of een geliefde zijn doorgaans leuker en levendiger dan gesprekken met jezelf en mocht je een enkel verzwikken (of hard ten val komen of in een wak rijden), dan is het wel zo fijn als iemand direct hulp kan bieden of inschakelen.

Maar hoewel ik met vrienden een wandeling of fietstocht maken een leuk alternatief vind voor in de kroeg afspreken, zijn wandelingen in gezelschap voor mij fundamenteel anders dan die in mijn eentje. Met vrienden door een groen gebied lopen is heerlijk omdat het een natuurlijk ritme geeft aan gesprekken. Dat je buiten bent en in beweging geeft de ontmoeting iets tijdloos. Waar je in een café elk moment kunt besluiten dat het tijd is om naar huis te gaan, bepaalt tijdens het wandelen de route hoelang de ontmoeting duurt, waardoor gesprekken meer rust lijken te krijgen en alle ruimte hebben om nieuwe, onvoorziene wegen in te slaan.

Hoe dierbaar die wandelingen met anderen me ook zijn, ze zijn voor mij lang niet zo onmisbaar als mijn solotochten. Om te beginnen staan mijn zintuigen wagenwijd open als ik alleen ben. Omdat ik me niet hoef te concentreren op een ander, heb ik alle aandacht voor de omgeving. Ik hoor meer, ruik meer, zie meer en voel meer. En dat mijn zintuigen op scherp staan, brengt me op een heel vanzelfsprekende manier terug bij mezelf. Waar ik me achter mijn bureau nog kan verliezen in mijn gedachten en mijn werk en ik soms zo gefocust ben dat ik urenlang geen honger of dorst voel en vergeet naar de wc te gaan, raak ik mezelf in de bossen nooit kwijt.

Dat betekent niet dat ik niet word afgeleid: er is altijd wel een geur, plant of tor die mijn aandacht trekt, maar van die aandacht wordt mijn brein niet moe, integendeel: die volledige focus op een glanzend kevertje of frivool bloemetje werkt ontspannend. Het betekent helaas ook niet dat ik altijd lekker zen en mindful ben en in het moment leef; dat ik meer in contact sta met mijn lichaam en ik niet aan mezelf kan ontsnappen, brengt ook gevoelens naar boven die ik liever niet had gehad. En dat er soms in de wijde omgeving geen andere mensen te vinden zijn, vind ik vaak een aangename, bevrijdende gedachte, maar het kan me ook angstig maken. Inmiddels weet ik: alles is continu in beweging. Over een paar minuten valt het licht net anders en is dat nare gevoel misschien alweer voorbij.

In zijn essay 'Walking Tours' uit 1876 schrijft de Schotse auteur en dichter Robert Louis Stevenson dat een lange wandeltocht, als je er tenminste echt van wilt genieten, alleen moet worden gemaakt:

> Wanneer je er in een groep of zelfs met zijn tweeën aan begint, is het alleen in naam nog maar een wandeling; het is iets anders, het lijkt meer op een picknick. Een lange voetreis moet alleen worden gemaakt, want de vrijheid is essentieel. Je moet vrij zijn om te stoppen en door te gaan, en die ene weg te volgen of een andere, al naar het in je opkomt; en je moet in je eigen tempo kunnen lopen.[1]

Misschien is het simpelweg wel zo dat het lastig is om samen te vallen met je lichaam, en dus volledig jezelf te zijn, als je in het ritme van een ander loopt, of wordt geconfronteerd met de gedachten van een ander. Pas zonder andere mensen – en met het wegvallen van de ander vallen ook sociale normen weg – ben je helemaal vrij.

Stevenson schreef nog veel meer over zijn wandeltochten, onder meer het reisverslag *Reis met een ezel door de Cevennen* (1879). Op die voettocht door Frankrijk was hij niet geheel alleen, zoals de titel al verklapt. Hij verkeerde in het gezelschap van een ezelin, Modestine, die een belangrijk personage is in het verhaal. Maar ook al moet hij zich tot haar verhouden – en tot haar tempo, totdat hij van iemand een prikstok krijgt – en dwingt haar aanwezigheid hem regelmatig tot zelfreflectie, een dier verlangt uiteraard niet van je dat je sociaal wenselijk gedrag vertoont.

De Franse filosoof Frédéric Gros schrijft in zijn boek *Wandelen* (2013) over de zegeningen van het lopen. Hij mijmert over eenzaamheid, en over bovenstaand citaat van Stevenson. Is het echt zo dat je – zoals ook Friedrich Nietzsche, Henry David Thoreau en Jean-Jacques Rousseau stellen – alleen moet lopen? Gros geeft toe dat het van groot belang is dat je als wandelaar je basisritme kunt vinden en vasthouden, omdat je je meer vermoeit als je in het ritme van een ander loopt, met het risico dat je uitgeput raakt. Maar daarvoor hoef je volgens hem niet volkomen alleen te lopen, dat kan ook nog als je met zijn drieën of vieren loopt. Dan hoef je niet met elkaar te praten en kan iedereen in zijn eigen tempo lopen. 'Met zijn drieën of vieren zijn momenten van gedeelde eenzaamheid dus ook mogelijk,' schrijft hij. 'Want ook eenzaamheid kun je delen, net als brood en de dag.'[2]

Waar volgens Stevenson een wandeling met zijn tweeën al gelijkenissen begint te vertonen met een picknick, stelt Gros dat een wandeling met meer dan vier mensen een vakantiekamp wordt. Hij schetst de situatie op vermakelijke wijze:

> Stemmen klinken op, er wordt gefloten, men loopt van de een naar de ander, wacht op

elkaar, vormt groepen die algauw een kliek worden. Ieder geeft hoog op van zijn materiaal. Zelfs tijdens het eten wil men elkaar laten proeven, er zijn verrassingen die je beslist moet proberen, de een biedt tegen de ander op. Het is een hel. Niets is nog eenvoudig of sober. Het gezelschapsleven overgeplant op de berg.[3]

De conclusie van Gros: 'Je moet alleen zijn om te kunnen wandelen. Met meer dan vijf is het onmogelijk de eenzaamheid te delen.'

Het klinkt poëtisch, de eenzaamheid delen, maar hoe kun je alleen zijn in het gezelschap van vier anderen? De aanwezigheid van een ander beïnvloedt je per definitie, omdat de mens nu eenmaal een sociaal dier is. Je dwaalt niet van het pad af zonder het te zeggen, want dan zou de ander zich wellicht zorgen maken. Je laat een achterblijver met een trager ritme niet écht alleen, je houdt misschien toch af en toe even de pas in om te voorkomen dat je elkaar kwijtraakt. Je overlegt over het eindpunt en het juiste moment voor een pauze, stelt de stop in een bergweide om je lunchpakket op te eten misschien een halfuurtje uit omdat de ander nog geen honger heeft, nog even door wil. Je stemt op elkaar af.

'Lawaai en rumoer alsook gezelschap van anderen [kunnen] ons afhouden van een intense en volledige ervaring van de wereld en onze relatie ertoe,' schrijft Ton Lemaire in *Met lichte tred* (2019). En hij voegt daar nog aan toe: 'Zowel de stilte als het af en toe alleen zijn is wezenlijk voor de vorming van een volwassen en harmonisch ontwikkelde persoonlijkheid in het algemeen.'[4]

In zijn verhaal 'Wat was ook alweer de charme van wandelen in je eentje?' in *de Volkskrant* schrijft journalist Caspar Janssen dat alleenheid wandelen een extra dimensie kan geven, verdieping zelfs. Want wie alleen loopt is noodzakelijkerwijs aangewezen op interactie met de omgeving en zijn binnenwereld. In het geval van Janssen is alleen lopen een uitkomst omdat hij tijdens zijn wandelingen graag plantjes en vogels determineert en hij dan kan stoppen waar en zolang hij wil. Een bijkomend voordeel is dat hij zich niet hoeft te schamen als hij een vink aanziet voor iets spannenders. In zijn eentje ziet hij ook meer dan als hij met een ander is, verdiept in een gesprek: 'Je loopt, dat is het enige wat je doet, en daardoor word je een levende ontvanger van alles wat je tegenkomt, alle zintuigen staan op scherp.'[5]

Volgens mij werkt het niet, de methode-Gros. De enige manier om tijdens een wandeling volledige vrijheid te ervaren, met alle geneugten en angsten die daarbij horen – en die je bij uitstek het gevoel geven dat je leeft –, is eenzaam te zijn zonder dat te delen. Want als we alleen in de natuur zijn en we dus niet kunnen terugvallen op een ander, gebruiken we al onze zintuigen. Het is niet mogelijk om datgene wat er via de zintuigen binnenkomt te verifiëren bij een ander. Er is niemand aan wie we onze vragen kunnen stellen ('Hoorde jij dat ook?', 'Zijn we hier niet al geweest?', 'Zou het water in dit beekje drinkbaar zijn?'). We moeten alert zijn en uitgaan van onszelf, vertrouwen op ons lichaam, op ons eigen beoordelingsvermogen. Vanuit ons oerinstinct te overleven gebruiken we onze zintuigen optimaal, we nemen beslissingen op basis van wat we ruiken, zien, horen, proeven, voelen. Alleen als we alle vijf de zintuigen gebruiken, zijn we fysiek volledig levend.[6]

Een solowandelaar is doorgaans kwetsbaarder dan een wandelduo. In je eentje in de natuur kun je je simpelweg geen fouten veroorloven. Van een steile helling glijden, te weinig eten of drinken bij je hebben, het kan fataal zijn als er niemand anders in de buurt is. Bovendien ben je ertoe gedwongen hele dagen met jezelf door te brengen, wat niet altijd een pretje is, en zelfs ronduit ongezellig kan zijn. Waarom zou een mens het dan toch doen? Ik vroeg verschillende fervente wandelaars naar hun ervaringen en motivatie.

Alex Buis is een van hen. Hij verkende als kind met zijn opa regelmatig te voet de Kennemerduinen. Ze voerden gesprekken over de natuur, filosofie en literatuur. 'Mijn opa kon altijd wat lyrisch over natuurbeleving praten. "Het dient zich aan," zei hij dan. Wat zich exact voor hem aandiende weet ik nog steeds niet, maar ik voelde het wel een beetje aan. En als er pluisjes door de lucht zweefden, zei hij: "De natuur is zwanger!"' Toen Alex een jaar of vijftien was, vroeg hij zijn opa: 'Zullen we het Pieterpad lopen?' Die vond dat een uitstekend plan. 'In de weken op die lijn van Noord- naar Zuid-Nederland ontstond mijn liefde voor het langeafstandswandelen, voor elke keer weer verdergaan waar je bent gebleven,' vertelt Alex. Na het Pieterpad volgden nog vele andere langeafstandswandelingen in gezelschap van zijn opa en zijn vader, maar hij ging ook steeds vaker alleen.

Toen Alex in Amsterdam ging studeren en hij een ov-jaarkaart kreeg, ging er een wereld voor hem open. 'Ik had die ov-kaart helemaal niet nodig. Ik woonde zowel vlak bij de universiteit als vlak bij mijn ouders. Dus ik koos voor vrij reizen in het weekend. Geweldig, dat ik gewoon gratis overal heen kon met de trein en de bus. Ik ging in heel Nederland op pad, maakte vooral dagwandelingen.' Een van de routes die Alex in die tijd volgde, was het Pelgrimspad, dat van Amsterdam via Den Bosch naar Wezet (Visé) loopt, een plaatsje dat net over de Belgische grens bij Zuid-Limburg ligt. Op dat pad ontstond een voorzichtig nieuw plan. 'Het Pelgrimspad sluit aan op de GR5 van Hoek van Holland naar Nice en ik overwoog door te lopen naar het zuiden. Hoewel ik het heel spannend vond om in mijn eentje met bepakking door België, Luxemburg en Frankrijk te trekken, heb ik uiteindelijk toch besloten het te gaan doen.'

Alex was begin twintig toen hij de GR5 liep – hij

deed het in delen, tijdens meerdere vakanties. In de week voor ons gesprek kampeerde hij met zijn vader op dezelfde camping in Zuid-Limburg die twintig jaar geleden zijn laatste camping in Nederland was voordat hij de grens overging. 'Alles kwam weer terug, dat magische gevoel van toen, de spanning van het avontuur, van weten: morgen ga ik de grens over, het onbekende tegemoet.' Na al zijn wandelingen in Nederland – waar je overal ov hebt, waar hij de taal sprak – ging hij nu wandelen op onbekend terrein. België was nog relatief vertrouwd, ook qua taal, maar in Frankrijk moest hij zich redden met zijn campingfrans.

Elk jaar ging Alex verder weg, naar woester terrein met hogere bergen. 'Het is een mooi pad omdat het een soort natuurlijke opmaat heeft. Eerst de Ardennen, dan de Vogezen, dan de Jura, dan de Alpen. Als je aan de Jura begint, denk je: ik heb de Vogezen gehad, dus ik moet de Jura ook aankunnen.'

Tot aan Luxemburg waren er redelijk wat campings, maar daarna droogde het aanbod op. Voor pensions of hotels had Alex het geld niet. Er zat niets anders op dan wildkamperen. 'De eerste nacht dat ik dat deed, op de grens van Luxemburg en Frankrijk, was ik zo stom om mijn tentje op te zetten bij een voederplaats voor wild. Ik wist toen nog niet dat herten burlen, ik dacht dat het honden waren. Ik lag niet zo lekker in mijn tentje, die nacht.' Toen hij een beetje gewend was geraakt aan wildkamperen, vond hij het vaak heerlijk. 'Ik ben soms een einzelgänger.

Het gaf heel veel rust, zo alleen staan, zeker in de bergen. Ik houd er ook niet van dat je vaak zo wordt bekeken als je met je grote bepakking een camping op komt lopen. Maar aan de andere kant wil ik soms ook graag mensen zien en wat comfort, dus ik kan een camping ook heel fijn vinden.'

Alex heeft een aantal vrienden en vriendinnen met wie hij er af en toe op uit gaat, maar de meeste wandelingen maakt hij alleen. 'Ik heb het nodig om alleen de natuur in te gaan. Voor mij is dat een ideale manier om mijn hoofd leeg te maken. En ik neem het landschap graag in me op. Dat is het leukste aan langeafstandswandelingen, dat je soms na een paar dagen door het bos opeens weer in het open veld komt, of dat je de bergen in de verte ziet opdoemen en ze steeds dichter nadert. Als je met iemand anders wandelt, ben je toch aan het praten en let je minder op het landschap.'

Daarnaast heeft Alex een passie voor kaarten. 'Ik houd ervan voortdurend op de kaart te turen. Als ik alleen loop en ik sta ergens op de kaart te kijken, dan vragen mensen vaak of ik de weg kwijt ben. Maar dan ben ik gewoon aan het kijken waar ik op de kaart ben.' Die liefde voor kaartlezen is deels beroepsmatig. Alex maakt wandelroutes en loopt dus vaak onbekende paden in, soms om te moeten constateren dat ze doodlopen. Hij loopt wel eens terug, of een extra rondje. 'Vroeger volgde ik braaf de routebeschrijving van iemand anders. Nu ben ik altijd mogelijkheden aan het verkennen. Dat kan beter alleen, want heen en weer lopen, daar heeft niet iedereen zin in.'

Zijn eerste wandelroute maakte Alex min of meer per ongeluk, toen hij in Amsterdam woonde. 'Ik had een date gehad met een jongen in Antwerpen en die had mij zijn stad laten zien. Ik beloofde dat ik hem zou laten zien hoe mooi Amsterdam is. Ik had destijds geen werk, dus ik had alle tijd om mooie looproutes door de stad te zoeken. Het idee was dat we een dagje zouden wandelen, maar de route die ik maakte bedroeg al snel dertig kilometer.' De date in Amsterdam kwam er uiteindelijk nooit van, maar Alex ontwierp wel een wandelroute van 228 kilometer door de gemeente Amsterdam, met de wandelgids *Wandelen buiten de binnenstad van Amsterdam* (2015) als resultaat. Daarna verkende hij elk paadje in de grensregio net buiten Zuid-Limburg en schreef *Een wandeling rondom Zuid-Limburg* (2017).

Tegenwoordig is Alex eigenlijk altijd bezig met routes maken als hij wandelt. 'Het is relatief veel werk, maar ik vind het ook heel leuk. Het is al heerlijk om over die kaart gebogen te zitten, zeker als het een wat lastig landschap betreft. Bij langeafstandswandelingen kom je soms een industriegebied tegen of een stedelijke zone. Of je hebt een mooie route en die loopt opeens dood omdat er geen brug is over een rivier. Dan voelt een mooi alternatief vinden als het oplossen van een leuke puzzel. Eigenlijk is op die kaart turen de voorpret, je verkneukelen om wat er komen gaat, om een spannend paadje bijvoorbeeld. Vervolgens komt de lol die je hebt als je in het veld gaat kijken of wat je op de kaart hebt uitgestippeld ook echt zo mooi en spannend is als je dacht.'

In de week voor ons gesprek was hij in Zuid-Limburg ook routes aan het maken. 'Ik had op de kaart een oud spoorlijntje gezien waar een paadje over liep. Het voerde naar een Belgisch dorp waar eigenlijk niets aan is, maar het weggetje ernaartoe leek me heel leuk. Toen ik daar kwam bleek het eerste stuk totaal overgroeide wildernis te zijn, heel spannend, maar niet zo mooi als ik had gehoopt. Als je routes maakt, doorgrond je eigenlijk een gebied, je leert het echt kennen.'

Dat heeft ook een nadeel. 'Als ik vroeger routes van anderen door Zuid-Limburg liep, kon ik me verwonderen over het landschap. Inmiddels ken ik het zo goed dat die magie er wel af is. Als ik nu een pad volg, weet ik dat er honderd meter verderop nog een pad ligt. Vroeger had ik die beide routes kunnen lopen zonder te beseffen dat ze elkaar bijna raakten.' Twee jaar geleden verhuisde Alex naar Westervoort, ook om dicht bij de Veluwe te zijn. 'Ik vind de Veluwezoom nog steeds hartstikke mooi, maar ik ken alle paadjes inmiddels zo goed dat het haast voelt als door het Amsterdamse Bos wandelen. Ik ben misschien wat ongeduldig om stil te blijven staan bij bloemetjes en bijtjes op een bekend pad. Ik wil onbekende paden ontdekken.'

Maar eindeloos door de wildernis trekken met

proviand voor tien dagen in zijn rugzak en ondertussen zijn eigen vis moeten vangen, dat is niets voor Alex. 'Ik vind één of twee keer wildkamperen geen probleem, maar dan wil ik wel graag weer een camping en wat comfort. Zo de wildernis in trekken, dat zou ik misschien wel onder begeleiding doen. Ook over die GR5 vraag ik me soms af of ik dat weer zou durven. Ik ben over veel angsten en onzekerheden die ik vroeger had heen gegroeid, maar ik ben ook ouder en wijzer. Ik weet nog dat ik twintig jaar geleden in de bergen op pad ben gegaan zonder te weten of de hut waarin ik wilde overnachten wel open was. Dat bleek gelukkig zo te zijn, maar als dat niet zo was geweest en ik had in de kou moeten overnachten, zonder extra trui, had ik een behoorlijk groot probleem gehad.'

Alex is nog steeds blij dat hij die avontuurlijke tocht heeft gemaakt. 'Het heeft me zelfvertrouwen gegeven. Ik was altijd heel onzeker en ik vind het zo stoer dat ik dat heb gedaan. Je leert jezelf ook kennen. Ik weet door die tocht dat ik alleen kan zijn. En tot op de dag van vandaag heb ik er profijt van dat ik me op de GR5 in mijn eentje uit moeilijke situaties heb weten te redden. Ik had een keer gepland op een camping te overnachten en toen ik aankwam, bleek die camping niet te bestaan. Dat zou genoeg zijn om van in paniek te raken, maar ik voelde op dat soort momenten altijd een soort rust: ik vind wel wat, er komt wel iets. Een aantal jaar geleden strandde ik 's nachts na een avond op de kermis in Weert omdat de laatste trein terug niet reed. Ik had geen idee hoe ik thuis moest komen en alle hotels waren dicht of zaten vol – er was alleen nog ergens een onbetaalbare bruidssuite beschikbaar. Op zo'n moment denk ik terug aan mijn voettocht en dan krijg ik weer datzelfde rustige gevoel: ik vind wel wat, het komt wel goed. En dat was ook zo.'

Hij leerde van de GR5 ook om van het moment te genieten. 'Dat ging vanzelf. Ik had helemaal geen behoefte om foto's te maken of een dagboek bij te houden. Achteraf vind ik dat soms wel jammer, maar ik heb daardoor wel volop van het landschap genoten. Lang voordat ik wist dat dat mindfulness heette.'

Bij Antonette Spaan ontstond de liefde voor het wandelen toen ze in 2002 met een backpack op haar rug door Nieuw-Zeeland trok. Al snel kwam ze erachter dat heel veel bijzondere plekken daar alleen te voet bereikbaar zijn. Om een mooie waterval te kunnen bekijken, moest ze eerst vier uur door de bush lopen. 'Dat ga ik dus mooi niet doen,' was haar eerste reactie. Maar toen ze het toch deed, kwam ze tot een inzicht dat haar leven zou veranderen: ze vond dat wandelen eigenlijk heel erg leuk.

Een paar jaar later liep ze met haar toenmalige vriend de Inca Trail naar Machu Picchu in Peru. Het was hun eerste meerdaagse trektocht en die beviel zo goed dat ze besloten voortaan niet een land te kiezen als vakantiebestemming, maar die bestemming te laten afhangen van de trektochten die ze er konden lopen. Antonette raakte verslaafd aan wandelen. Omdat je te voet op zulke mooie plekken komt en omdat het zo fijn is om alles wat je nodig hebt op je rug te kunnen dragen. Tien jaar lang reisde ze met haar vriend de wereld over en toen kwam er een eind aan hun relatie. Rond diezelfde periode overleed Antonettes vader. 'Ik ben van mijn spaargeld en de erfenis een jaar op wereldreis gegaan,' vertelt ze. 'En ik hield een blog bij over avontuurlijk reizen, wandelen en de natuur. Dat jaar ben ik de hele wereld over gegaan om te wandelen, op de mooiste plekken in de natuur, in mijn eentje.'

Ze had al eerder alleen gereisd. 'Ik heb bij een touroperator gewerkt en moest voor mijn werk regelmatig naar Alaska en Zuid-Amerika. Als ik daar was stond ik voor de keuze: de wandeling alleen maken of de wandeling niet maken. Dus ging ik alleen. Ik wist: ik heb ervaring met wandelen, ik ken mijn krachten en beperkingen, weet wat verstandig is en wat niet. Toch was ik best vaak bang, zeker in Alaska, omdat je daar beren hebt.' Tijdens de wandelingen in haar eentje ontdekte ze dat stoer zijn en bang zijn gewoon samen kunnen gaan.

Wat ze mist tijdens het alleen wandelen: mooie momenten delen en op moeilijke momenten even sparren met een partner. Zoals toen ze voor het eerst in Nepal liep en werd geteisterd door vermoeidheid en hoogteziekte. 'Ik had wel een gids, maar die sprak nauwelijks Engels. Ik had graag even met iemand overlegd: moeten we doorgaan of niet? Maar ik moest die beslissing zelf nemen. Ook wat betreft eten en drinken ben je volledig op jezelf aangewezen: een partner vormt altijd een back-upvoorraad en als die er niet is, moet je extra goed opletten dat je zelf voldoende bij je hebt. Ik ben ook alerter als ik alleen wandel en houd de route heel goed in de gaten.'

Zo helemaal op zichzelf aangewezen zijn, gaf haar in het begin echt een kick. Inmiddels is dat wat minder geworden, maar op sommige momenten komt dat gevoel even terug: als ze op een trail voor een bepaald dilemma staat en achteraf blijkt dat ze de juiste beslissing heeft genomen, bijvoorbeeld. Alleen op avontuur gaan heeft Antonette meer zelfvertrouwen gegeven en besluitvaardiger gemaakt, ook op andere momenten in haar leven. En het heeft haar doen inzien dat vertrouwen op je gutfeeling vaak de beste keuze is.

Inmiddels heeft Antonette weer een vriend, die ook graag wandelt, maar die door zijn baan minder tijd heeft om te voet de wereld te verkennen dan zij. 'En dan ga ik natuurlijk niet thuis zitten wachten tot hij weer vakantie heeft, dus ik ga nog regelmatig alleen op pad.'

Het fijnste aan alleen wandelen vindt Antonette dat ze de rust en stilte van de natuur beter ervaart. 'Dat is zo overweldigend. Ik kan heel blij worden van een hertje zien wegspringen of een specht horen tokken in een boom.' En tijdens het solowandelen krijgt ze de meest creatieve ideeën, juist door de rust in de natuur. Ze werkt nu fulltime aan haar blog we12travel.com en is ook een podcast begonnen, de *Podcast voor Avontuurlijke Vrouwen*. 'Als ik een rondje maak door het bos bij mijn huis, laat ik mijn telefoon soms thuis of zet hem uit. In die rust en stilte gaat het dan los in mijn brein. Dat zijn de momenten waarop ik helder kan nadenken en ik mooie nieuwe dingen verzin die ik wil gaan doen en maken. Projecten, nieuwe invalshoeken, artikelen voor mijn blog, onderwerpen voor de podcast. Achter de computer ben ik vaak snel afgeleid, in het bos hoor ik even helemaal niets, en dan bezie ik dingen met een frisse blik en gaat de creativiteit stromen.' Ze lacht. 'Al gaan die ideeën soms gewoon weer in de prullenbak als ik eenmaal thuis ben.'

Presentator, (stem)acteur en schrijver Matthijs Wind liep in de zomer van 2018 in zijn eentje het Scandinavische Sint Olavspad, in een maand. De pelgrimsroute van 570 kilometer loopt van de kerkruïne Selånger bij het Zweedse Sundsvall naar de Nidaros-kathedraal in het Noorse Trondheim. Pelgrims volgen het spoor van de Noorse koning Olav Haraldsson (995-1030). In 1028 werd de koning door aristocraten uit zijn thuisland verbannen, maar in de zomer van 1030 kwam hij in het Zweedse Sundsvall aan land en reisde te voet en te paard terug naar Noorwegen, om daar de troon te heroveren, het christelijke geloof te verspreiden en vrede te stichten. Hij sneuvelde echter in de Slag bij Stiklestad op 29 juli 1030 – Stiklestad ligt op de pelgrimsroute. Het lichaam van de Noor werd vermoedelijk in het geheim naar Nidaros gebracht, het huidige Trondheim, waar het werd begraven. Later werd hij herbegraven in de kathedraal van Nidaros, die te zijner ere werd gebouwd, alleen is zijn graf daar niet meer terug te vinden. Wat wel zeker is, is dat Olav werd heiligverklaard en dat hij nog niet is vergeten. In de woorden van Matthijs: 'Hij is nogal een belangrijke dude in Noorwegen, het halve land heet Olav.'

In de middeleeuwen groeide het Sint Olavspad uit tot een van de belangrijkste katholieke pelgrimspaden van de wereld, en Trondheim was lange tijd een even populaire bestemming als Santiago de Compostella en Jeruzalem. Maar in 1537 maakte de Reformatie in Scandinavië een einde aan pelgrimages en raakten de paden in vergetelheid. Sinds 1997 zetten Noorwegen en Zweden zich in om de verschillende routes van het Sint Olavspad te herstellen (er is er ook een die van Oslo naar Trondheim loopt).

Matthijs speelde met het idee om naar Sundsvall af te reizen sinds hij in *de Volkskrant* een verhaal las over mensen die een deel van het pad liepen. 'In 2018 dacht ik: ik ga het gewoon doen. Voor mijn gevoel zat ik op de helft van mijn leven en die eerste helft was best pittig geweest, zat vol angst en paniek en niet-weten. Ik dacht: ik maak die reis en sluit daarmee de eerste helft af en dan begin ik daarna fris en fruitig aan de tweede helft. Nou, dat blijkt dus niet te kunnen. Alles was daarna nog gewoon hetzelfde.'

Maar dat hij überhaupt aan die pelgrimstocht begon, was voor Matthijs al een enorme overwinning op zichzelf. 'Ik had in die tijd een relatie, maar hoewel ik het doodeng vond, wilde ik alleen gaan lopen, die angst in de ogen kijken. Veel mensen lopen het Sint Olavspad met een tentje op hun rug, maar ik vond het al stoer genoeg dat ik het aanging, dus ik heb alle overnachtingen van tevoren geregeld. Het was een geruststellende gedachte dat ik elke avond een slaapplek had.'

Onderweg had hij geen last van angsten. 'In de natuur zijn werkt voor mij heel erg goed en gelukkig kan ik goed met mezelf door één deur. Je gaat natuurlijk altijd ergens naartoe omdat je ergens anders niet wilt zijn, en het cliché is waar: dan neem je jezelf mee. Ik heb me heel erg alleen gevoeld in die maand, maar nooit eenzaam. Het was voor mij echt een keuze om daar alleen te zijn. Pas als alleen-zijn onvrijwillig is en overgaat in eenzaamheid, krijgt het iets verdrietigs. Misschien kwam het ook wel door de bomen en de vogels dat ik me niet eenzaam voelde, en door de andere wandelaars die ik soms tegenkwam, of omdat ik in de avonden altijd wel even iemand sprak in het hotel of de stuga waar ik sliep. Het was voor mij een heel rustige periode.'

Vooral de eerste dagen waren heel zwaar. Het

was die zomer ongekend heet in Zweden en Matthijs moest wennen aan het gewicht van de tas op zijn rug. 'Je kon je rugzak ook naar de volgende bestemming laten brengen, maar dat wilde ik niet. Ik vond het belangrijk om letterlijk en figuurlijk mijn eigen bagage mee te dragen. Naarmate ik dichter bij de eindbestemming kwam, werd de tas lichter. Omdat ik eraan wende, maar ook letterlijk, omdat ik veel te veel had meegenomen en af en toe iets weggooide.'

De vierde nacht zou Matthijs doorbrengen in een oud ziekenhuis dat vaak wordt gebruikt als accommodatie voor grote groepen, bijvoorbeeld voor schoolkampen. Hij had al verhalen gehoord over het pand en die stelden hem niet bepaald gerust. 'Het was vroeger een tehuis voor zieke kinderen en het verhaal ging dat er kinderen zijn overleden, die daar soms ook bij werden geholpen. Er is ooit zo'n programma als *Het Zesde Zintuig* in dat gebouw geweest en zij vonden er rare dingen. "Hoeveel mensen slapen hier vannacht?" vroeg ik bij het inchecken. "Alleen jij." Ik ging naar binnen en het was echt een enorm pand. Ik zat daar op mijn kamertje en dacht: ik vind dit eigenlijk helemaal niet tof. Als er nog iemand anders in zo'n gebouw is, kun je bij elk geluid denken: dat is vast die ander. Maar als je alleen bent...'

Matthijs besloot dat hij zichzelf al genoeg aan het overwinnen was door elke dag in zijn eentje die enorme afstanden te lopen door de heuvels en de bergen met een zware rugzak op zijn rug. Hij belde de eigenaar van de camping waar hij de nacht erop zou verblijven en die kwam hem ophalen. Het werd een extra nachtje kamperen. ‘Ik ben de enige die daar ooit is opgehaald, maar de vrouw die me ophaalde vertelde wel dat mensen soms met holle ogen op hun camping aankwamen na een nacht in dat ziekenhuis, omdat ze er geen oog hadden dichtgedaan.’

De eerste weken na zijn terugkomst keek Matthijs helemaal niet met veel plezier of voldoening op zijn wandeltocht terug. ‘Als je zoiets indrukwekkends hebt meegemaakt, is het best moeilijk dat je het er daarna met niemand over kunt hebben, omdat je het alleen hebt beleefd. Een beetje zoals wanneer je naar een begrafenis bent geweest en je de kerk uit komt en ziet dat alle auto’s doorrijden en dat mensen toeteren, dat het leven doorgaat, terwijl jij net iets hebt meegemaakt waardoor de tijd even heeft stilgestaan. Ik raakte ook geïrriteerd als mensen vroegen hoe mijn vakantie was. Hoezo, “vakantie”? Zo voelde het voor mij helemaal niet.’

Inmiddels kijkt Matthijs er wél met plezier op terug. ‘Ik ben trots dat ik het heb gedaan, dat ik die angst heb overwonnen. Sinds die reis ben ik veel meer gaan lopen. Met mijn vriendin, maar ook heel vaak alleen. Ik kan kinderlijk blij worden van een mooie vogel, van buiten zijn, zonlicht, zuurstof, de kleur groen, dat doet me altijd goed.’

De volgende solotrektocht in Scandinavië staat

inmiddels met potlood in zijn agenda. 'Ik wil nu vanuit Oslo naar boven, en deze keer met een tentje, zodat ik kan wildkamperen. Ik was vorige keer nogal streng voor mezelf, wilde per se de etappes afronden. Dat moest ook omdat de accommodaties al waren geboekt. En ik had dat hoogdravende doel om de helft van mijn leven af te sluiten, wat helemaal niet bleek te werken. Deze keer wil ik gewoon daar zijn, mijn enige doel is het lopen zelf. De omgeving zien in plaats van in mijn eigen hoofd kijken, op de plek zijn waar ik op dat moment ben, in plaats van vooral in mezelf. Natuurlijk vind ik het toch weer doodeng en ik verwacht dat ik de week ervoor weer niet te genieten ben, maar inmiddels weet ik dat het dat allemaal waard is, omdat ik het heerlijk vind om daar te wandelen en te zijn.'

Wanda Catsman, de vrouw achter wandawandelt.nl, kreeg het wandelen met de paplepel ingegoten door haar vader. Hij hield van trektochten, te voet en per fiets. Als tiener liep Wanda met haar vader en broertje het Pieterpad en toen ze op de Sint-Pietersberg het bordje met NICE 3512 KM zag staan, zei ze tegen haar vader: 'Zullen we doorgaan?' Ze gingen door. 'Hoe verder we kwamen, hoe minder campings er op de route lagen. We hebben heel veel wildgekampeerd in België, Luxemburg en Frankrijk. Dat was ontzettend spannend, maar die ervaring heeft wel het zaadje geplant voor mijn wandelliefde.'

Ze stopte met wandelen toen er een roerige periode aanbrak in haar leven. Een zwangerschap, een scheiding, ze had simpelweg de tijd niet om eropuit te trekken. Maar dat veranderde in 2013, toen er meer rust in haar leven kwam. Ze verhuisde vanuit Zeeland naar Montfoort, kreeg weer een relatie en had daardoor meer ruimte en tijd voor zichzelf omdat ze de zorg voor haar zoontje weer kon delen. 'In eerste instantie had ik geen idee wat ik met die rust aan moest. Ik was zo gewend dat er steeds nare dingen gebeurden dat ik heel gespannen raakte van het kalme vaarwater waarin ik mij bevond. Toen heb ik het wandelen weer opgepakt. Om mijn nieuwe woonomgeving te ontdekken, maar ook om weer rust in mijn hoofd te krijgen. Het werkte.'

Ze begon met het Utrechtpad, met een informatieboekje in haar hand. Te voet verkende ze haar nieuwe provincie. 'Ik wandelde zonder er verder over na te denken. Tot ik besloot mezelf een doel te stellen: in de laatste honderd dagen van het jaar honderd wandelkilometers maken. Eenmaal onderweg dacht ik: als ik honderd kilometer kan lopen in honderd dagen, dan kan ik ook duizend kilometer lopen in een jaar. Ik besloot het voor een goed doel te doen, zodat ik een stok achter de deur had. Ik hield de voortgang bij op een blog, Facebook, Instagram, en dat werd goed gevolgd. Dus toen ik na minder dan tien maanden die duizend kilometer had volbracht, besloot ik wandelverhalen te blijven schrijven, om mensen te inspireren.'

Het was het begin van het bedrijf dat ze nu heeft

en inmiddels is Wanda 'professioneel wandelaar'. Ze blogt nog altijd over haar avonturen, geeft wandeltrainingen, organiseert groepswandelingen en wandelweekenden en schreef een gids, *De mooiste wijnwandelingen in Nederland*. Meestal trekt ze Nederland in, of Duitsland of Zwitserland. 'Ik ben al zeven jaar intensief aan het wandelen in Nederland en zelfs hier ontdek ik nog altijd nieuwe plekken. Naar Peru of Nepal gaan, dat hoeft voor mij allemaal niet. Europa heeft zoveel te bieden.'

Wanda pakt het liefst een rugzak om wekenlang met een tentje de wereld in te trekken, in haar eentje. Alleen wandelen is voor haar de beste manier om rust te vinden en om helder na te denken. 'De eerste vijf kilometer is het altijd nog heel druk in mijn hoofd en buitelen de gedachten over elkaar heen, vooral gedachten aan dingen die ik nog moet doen. Maar daarna word ik met elke kilometer rustiger en na een kilometer of tien borrelen er nieuwe creatieve ideeën op. Als ik ergens op vastloop, ga ik soms heel bewust een stuk wandelen om daarmee aan de slag te gaan. Het lopen brengt me in een geestelijke toestand die maakt dat ik heel probleemoplossend denk en werk, heel anders dan wanneer ik achter mijn computertje zit. Door te lopen komt er ook beweging in je ideeën, word je creatiever, en tegelijkertijd brengt het een soort berusting, kun je dingen beter relativeren en accepteren.'

Dat ze helder kan denken tijdens haar solowandelingen is echter niet de enige reden voor Wanda om er alleen op uit te trekken. Omdat je je als wandelaar zo traag door het landschap voortbeweegt, zie je veel meer details dan wanneer je dezelfde route per fiets of auto zou afleggen. 'Een slakje dat voor je wegkruipt, bijvoorbeeld. Het geldt met name voor langere tochten. Als je een week of twee, drie onderweg bent, zie je het landschap veranderen. Dat is iets magisch en je kunt het zelfs al beleven in het kleine Nederland. Als je het Pieterpad loopt bijvoorbeeld, dan zie je zoveel verschillende types landschap, je ziet het per provincie veranderen.'

De solowandelaar die kortere wandelingen maakt, van een uurtje, een dag of drie dagen, lijkt op zoek naar sereniteit. Naar geest, lichaam en wereld weer op één lijn brengen, zoals de Amerikaanse essayist Rebecca Solnit het beschrijft in haar mooie boek *Wanderlust* (2002). Die staat van zijn biedt helderheid van geest en vormt een vruchtbare voedingsbodem voor creativiteit.

Volgens neuropsycholoog Erik Scherder, werkzaam aan de Vrije Universiteit, komt dat doordat je als je wandelt je brein rust geeft. 'Ons cognitieve brein wordt gedurende de hele dag belast [...] omdat ons werk en onze smartphone veel aandacht opeisen,' legt hij in 2018 uit aan nieuwssite nu.nl. 'Met wandelen laat je die druk letterlijk van je af vallen. Daardoor gaan we weer mijmeren en creatief zijn.' Mocht je een probleem willen oplossen, dan is een wandeling maken een goed idee. 'Doordat het brein ontspant, activeert het *default mode netwerk*. Hoewel je niet meer bewust met het probleem bezig bent, werken je hersenen op de achtergrond aan een oplossing.'[7]

In een filmpje voor Stichting Wandelnet met de titel 'Waarom is wandelen goed voor je brein?' stelt Scherder dat we allemaal massaal zijn gaan zitten en dat dat ons zowel mentaal als fysiek geen goed doet. Een rondje lopen, bijvoorbeeld tijdens een werkdag, heeft meerdere positieve effecten. Omdat we cognitief even niet zo belast zijn, bevordert wandelen onze creativiteit. Het activeert bovendien onze prefrontale cortex en remt daardoor de activiteit van gebieden in de hersenen die een gevoel van negativiteit en stress kunnen veroorzaken – het nare gevoel komt niet naar boven omdat de prefrontale cortex actief is. De prefrontale cortex reguleert bovendien efficiënt werken, plannen en op nieuwe ideeën komen, dus wandelen zorgt er ook voor dat we efficiënter en productiever zijn. Wandelen in de natuur is volgens Scherder de optimale vorm van verrijking, van zowel de hersenen als het lichaam. Het zien van de natuur, ervan genieten en onderweg dingen meemaken activeert lichaam en geest op een heilzame manier.[8]

Een korte wandeling vormt dus een goede voedingsbodem voor sereniteit, creativiteit en productiviteit. Maar waarom trekken sommige mensen wekenlang de natuur in? Een element dat terugkomt in de verhalen van veel solowandelaars die langere trektochten ondernemen, is het verlangen meer grip op zichzelf te krijgen, mentale helderheid en rust. Niet zelden moeten ze daarvoor iets uit het verleden verwerken, vaak een verlies. Je kunt de pijn die in het dagelijks leven misschien op de achtergrond sluimert en die je in de weg zit niet meer omzeilen als je zoveel tijd in je eentje doorbrengt, in het gezelschap van je eigen geest en lichaam, zonder enige andere afleiding dan het landschap waarin je je bevindt en de lichamelijke en praktische ongemakken van het wandelen. Het is alsof de solowandelaar zichzelf in die nieuwe omstandigheden opnieuw wil leren kennen. Wie ben ik als ik op mezelf ben aangewezen? Red ik dat? De hoop is om er sterker en serener uit te komen, weerbaarder ook.

Shanna Bussink studeerde psychologie en literatuurwetenschap en ging na haar studie werken als fitnessinstructeur. Ook volgde ze opleidingen tot vitaliteitscoach en hike- en survivalinstructeur. Ze begeleidt mensen bij het voorbereiden van lange voettochten. Volgens Shanna komt het regelmatig voor dat mensen op pad willen om zichzelf te leren kennen en antwoorden te vinden op een persoonlijk vraagstuk, of om een moeilijke periode af te sluiten, maar slagen ze daar lang niet altijd in. 'Als je ergens mee zit, dan is voor langere tijd in je eentje op pad gaan niet voldoende om dat op te lossen. De trail gaat dat niet voor je doen, je moet het zelf doen. Natuurlijk kan een solotrektocht helpen, want de omstandigheden zijn ideaal: je hebt ineens rust, zeeën van tijd om na te denken en je bent op jezelf aangewezen. Maar je moet jezelf onderweg alsnog de juiste vragen stellen en die vragen zelf beantwoorden, dat gaat de trektocht niet voor je doen. Doe je dat niet, dan heb je een heel gaaf avontuur beleefd, maar kom je gewoon weer met jezelf én je twijfels en problemen thuis.'

Ook wie niet de verandering doormaakt die hij tijdens zijn solotrektocht hoopte te ondergaan, lijkt er op de langere termijn positieve effecten van te ondervinden die verder gaan dan de herinnering aan een mooi avontuur. De geruststellende wetenschap zelfredzaam te zijn en alleen moeilijke situaties en angsten het hoofd te kunnen bieden, werkt ook na de trektocht nog door en levert de wandelaar vaak een groter vermogen tot zelfreflectie en relativering op, en een vergroot zelfvertrouwen.

WAAROM EEN SOLOWANDELAAR NOOIT ALLEEN IS

Juist als we zonder anderen wandelen, beseffen we ten volle dat wie alleen loopt, nooit alleen is. Solowandelaars ervaren twee vormen van gezelschap: hun eigen aanwezigheid en die van de natuur om hen heen. Om met die eerste vorm te beginnen: wie het goed met zichzelf kan vinden – en de solowandelaar moet dat leren, wil hij het plezier in het alleenzijn niet verliezen – hoeft zich nooit eenzaam te voelen. Gros verwoordt het mooi: 'Zodra ik wandel, ben ik meteen met zijn tweeën. Mijn lichaam en ik: een stel, het eeuwige cliché. De ziel is werkelijk in alles de getuige van het lichaam.'[9] Volgens hem is er tijdens een solowandeling altijd een dialoog gaande tussen het lichaam en de ziel.

De Amerikaanse schrijver Henry David Thoreau bouwde in het voorjaar van 1845 een blokhut in een stuk bos dat hem ter beschikking was gesteld door zijn vriend Ralph Waldo Emerson, filosoof en dichter. Het bos lag op drie kilometer van het plaatsje Concord, Massachusetts, waar Thoreau opgroeide en tot die tijd woonde. Er lag een meer in dat bos,

Walden Pond, en Thoreau ging daar vlak naast wonen. Over de twee jaar, twee maanden en twee dagen die hij alleen in zijn sobere hutje doorbracht, schreef hij later *Walden, or, Life in the Woods* (1854). Hij woonde op slechts een halfuur lopen van de bewoonde wereld en bezocht zijn vrienden en familie in Concord regelmatig. Hij woonde dus niet in de wildernis, maar wel buiten de maatschappij. En hij wandelde zo'n vier uur per dag door het bos. Over het alleen-zijn schreef hij:

> Ik vind het heilzaam om het grootste deel van de tijd alleen te zijn. Zich in gezelschap bevinden, zelfs in het beste, brengt algauw verveling met zich mee en leidt af. Ik houd ervan alleen te zijn. Ik heb nooit een kameraad gevonden die zo kameraadschappelijk was als de eenzaamheid. Wij zijn meestal eenzamer wanneer we ons tussen de mensen begeven dan wanneer we in onze kamers blijven.[10]

We kunnen onszelf gezelschap houden. Ik ben er als alleenwonende, thuiswerkende schrijver op het Italiaanse platteland aan gewend om veel en langdurig alleen te zijn. Om soms dagen- of zelfs wekenlang geen niet-digitaal contact te hebben met andere mensen, op een kort beleefd gesprekje over het weer met de buurvrouw of kruidenier Sandro in het dorp na. Als ik in die productieve periodes, waarin ik volledig ín een boek zit en in die flow wil blijven, niet regelmatig naar buiten ga om lange wandelingen te maken, keldert mijn humeur en verslechtert mijn relatie met mezelf. Omdat mijn wereld te klein wordt, waardoor ik niet genoeg ruimte heb om mezelf van een gezond afstandje te bekijken. Ik zit mezelf te dicht op de huid.

In de heuvels vind ik mezelf dan terug, omdat ik mijn vermogen tot zelfreflectie terugvind. Ik hoor mijn eigen ademhaling weer en voel hoe mijn hart het bloed door mijn lichaam pompt. Ontluikende bloesem, een voorbijflitsende wielewaal, zonnende hagedisjes, ze halen me even weg uit mijn hoofd, vergroten mijn wereld. Ik voel verwondering, verrukking en blijdschap om de schoonheid om me heen, en al die positieve gevoelens maken dat ik mezelf ook weer een leuker mens ga vinden. Een vrouw die in een oude groene jas op stevige wandelschoenen door de modder stampt, hellingen bedwingt, ontroerd kan raken door de schoonheid van mistflarden die op een herfstochtend nog in de dalen hangen. Het lichaam komt in beweging, ik voel weer hoeveel kracht er in dat lichaam zit, dat het niet alleen een huls is voor mijn brein maar ook een goed werkend vervoermiddel. Het brein stopt even met overuren draaien, de ziel grijpt de gelegenheid aan om te fladderen.

Als ik wandel, kabbelen mijn gedachten op een prettige en rustgevende manier voort, heel anders dan wanneer ik lange tijd alleen thuiszit. Omdat er altijd wel iets moois te zien is, iets wat de aandacht trekt, en mijn lichaam ook steeds de aandacht trekt, worden mijn gedachten nooit zwaar. Ze worden regelmatig geprikkeld door observaties als 'Wat een mooi vogeltje!' of 'Goh wat doen mijn kuiten zeer' en veranderen daarna op natuurlijke wijze van richting. Ze stromen op een aangename, lome manier, als een beekje dat van een heuvel loopt en dat soms even moet wijken voor een rots of een tak, maar dat nooit hoeft op te houden met stromen. Dat zou wel gebeuren als ik door een wandelgenoot uit die toestand werd gehaald met een vluchtige opmerking als 'Ik stop hier even om te plassen', want dan zou van mij worden verwacht dat ik daarop reageer, en voor interactie met een ander moeten mijn gedachten abrupt tot stilstand komen.

Het wil niet zeggen dat ik tijdens solowandelingen altijd tot nieuwe inzichten of observaties kom, of problemen oplos. Soms wel, en de kans daarop is beduidend groter tijdens langere wandelingen. Wat ik vooral probeer duidelijk te maken, is dat al wandelend denken voorkomt dat je lang in een bepaalde gemoedstoestand blijft hangen. Omdat je in beweging bent en je een pad volgt in een omgeving die met elke stap voorwaarts een klein beetje verandert, blijven ook je gedachten in beweging.

Wat voor mij typisch bij langere wandelingen hoort: stemmingswisselingen. Het ene moment kan ik een beetje somber over iets nadenken, om dan vervolgens een mooi vogeltje te zien, of een adembenemend landschap, en me heel tevreden te voelen. Vijf minuten later ben ik bloedchagrijnig om een steentje in mijn schoen, maar tijdens het uittrekken van mijn schoen vind ik een interessant dierspoor, en dan ben ik op slag niet meer chagrijnig. Alles is continu in beweging, niet alleen om me heen, maar ook in mijzelf. En altijd, na elke wandeling, ook die door de regen, voel ik me bij thuiskomst beter dan bij vertrek. Ik ben nog nooit neerslachtig thuisgekomen na een wandeling.

In *Wanderlust* gaat Rebecca Solnit dieper in op de relatie tussen denken en wandelen. Volgens haar stelt wandelen ons in staat 'in ons lichaam en in de wereld te zijn zonder dat die ons volledig in beslag nemen.' Ze vervolgt: 'Het ritme van wandelen roept een bepaald denkritme op en de gang door een landschap weerkaatst of stimuleert de gang door een gedachtereeks. Hierdoor ontstaat een vreemde samenklank tussen innerlijke en uiterlijke voortgang, een die suggereert dat de geest ook een soort landschap is en dat wandelen een manier is om daardoorheen te gaan.'[11]

Dat wandelen kan leiden tot vruchtbare gedachten wordt volgens Solnit veroorzaakt door het samenspel van beweging en uitzicht. Sommige filosofen moesten zelfs wandelen om te kunnen denken. De Zwitserse filosoof Jean-Jacques Rousseau bijvoorbeeld, die in zijn autobiografische werk *Bekentenissen* schrijft: 'Ik kan alleen lopend mediteren. Stop ik met lopen, dan kan ik niet meer denken;

mijn geest werkt niet zonder mijn voeten.'[12] Gros daarover: 'Hij hoeft maar een schrijftafel en een stoel te zien of hij wordt bevangen door walging, die hem alle moed ontneemt. In de loop van lange wandelingen komen de ideeën in hem op, langs de wegen wellen de zinnen naar zijn lippen, als een bijeffect van het bewegen, de paden prikkelen zijn verbeeldingskracht.'[13]

Tijdens het wandelen vallen lichaam en geest samen omdat ze zich beide in hetzelfde landschap begeven en bewegen. Volgens Solnit leidt wandelen dan ook tot een nieuwe beleving van ons lichaam. In onze tijd is dat lijf 'bevrijd van handenarbeid en gehuisvest in appartementen en kantoren, kamers van zintuiglijke ontbering'. We zien ons lichaam slechts als een medisch en seksueel fenomeen en niet langer als een bron van actie en productie. Wandelen verandert dat: 'Wandelen laat het lichaam terugkeren binnen zijn oorspronkelijke begrenzingen, binnen iets wat soepel is, gevoelig en kwetsbaar [...]. Wandelen heeft met maken en werken dat cruciale element gemeen van de betrokkenheid van lichaam en geest bij de wereld, van de wereld leren kennen door het lichaam en het lichaam door de wereld.'[14]

De Amerikaanse schrijfster Cheryl Strayed beschrijft die ervaring van de wereld via het lichaam leren kennen in *Wild*, het mooiste boek dat ik heb gelezen over een solovoettocht:

> Er was een wereld van verschil tussen je stapvoets voortbewegen en alle andere manieren van transport waarvan ik normaal gebruikmaakte. Kilometers raasden niet vanzelf voorbij. Kilometers waren langgerekte, vertrouwde kluwens onkruid, brokken verhard zand, grassprietjes, bloemen die wuifden op de wind en krakende bomen met doorgebogen takken. Kilometers waren het geluid van mijn ademhaling, mijn voetstappen op het pad met één stap tegelijk, het getik van mijn skistok.[15]

De solowandelaar verkeert altijd in het gezelschap van zijn eigen lichaam en eigen gedachten, die tijdens een wandeling dankzij het feit dat zij zich beide door hetzelfde landschap bewegen, op natuurlijke wijze samen lijken te vallen, in evenwicht zijn.

Behalve dat de solowandelaar zichzelf gezelschap houdt, is er nog een reden dat hij in werkelijkheid nooit alleen is: de natuur. Het landschap en alles wat daarin groeit en bloeit en leeft, is zelfs zeer aangenaam gezelschap, want de natuur vraagt weinig en geeft onophoudelijk. Thoreau beschrijft het treffend in *Walden*: 'Ik heb heel veel gezelschap in mijn huis, vooral 's morgens, wanneer er geen bezoek komt.' Hij licht die gedachte toe met voorbeelden uit de natuur: 'Ik ben niet meer alleen dan een enkele koningskaars of paardenbloem in een weide, of een bonenblad, of een zuring, of een paardenvlieg, of een bromvlieg. Ik ben niet eenzamer dan de Mill Brook of een weerhaan, of de Poolster, of de zuidenwind, of een regenbui in april, of dooi in januari, of de eerste spin in een nieuw huis.'[16]

Wie wandelt, begeeft zich zowel lichamelijk als geestelijk in een landschap en gaat daar deel van uitmaken. 'Ondergedompeld zijn in de natuur betekent een permanente prikkel,' schrijft Gros. 'Alles spreekt tegen je, begroet je, vraagt om aandacht: bomen, bloemen, de kleur van de wegen.'[17] Maar los van alle geuren, kleuren, bewegingen en vormen die je aandacht vragen, gebeurt er nog iets bijzonders als je je in de natuur onderdompelt: je gaat die natuur 'bezitten'.

Dat gebeurt al als je een mooie plek voor het eerst via je zintuigen waarneemt. Het kan een gevoel zijn, een intense tevredenheid over het ervaren van alle schoonheid om je heen. Ik merkte zelf dat ik dat gevoel na enkele maanden wandelen in de heuvels achter mijn huis als vanzelfsprekend ging verwoorden. Toen ik eenmaal vertrouwd was geraakt met de paden, de bochten, de gekromde stammen van de dennen en de uitzichten onder verschillende weersomstandigheden, begon ik te spreken van *la mia pineta*, mijn dennenbos, in plaats van *la pineta*, het dennenbos. Eerst nog een beetje beschroomd, maar al snel kon ik er simpelweg niet meer anders over denken. Wat ik daar in die heuvels zag en meemaakte tijdens mijn vele wandelingen, voelde als persoonlijke interactie, en hoe vaker ik er kwam, hoe bezitteriger ik werd. Dat anderen er ook rondwaarden, veranderde dat niet, want zij kenden het bos niet zoals ik het kende, daar was ik van overtuigd.

Ik was enigszins opgelucht toen ik bij Gros teruglas dat ik niet de enige ben met die bezitsdrang. In zijn hoofdstukje over eenzaamheid schrijft hij:

> Je moet de roes kennen van het voorgebergte, wanneer je je met moeite op een rotspunt hebt gehesen, waar je gaat zitten en waar het uitzicht, het landschap zich aan je aanbiedt. Al die velden, die huizen, die bossen, die paden, alles is van jou, voor jou. Je bent er meester van geworden door omhoog te klimmen en je hoeft alleen nog maar te genieten van je heerschappij. Wie zou zich alleen kunnen voelen als hij de wereld bezit? Zien, overzien, bekijken, dat is zoveel als bezitten.[18]

Het grootste geluksmoment dat ik ooit heb ervaren tijdens een wandeling speelde zich af op een mistige ochtend in december. Ik zag het huis van de buren die dag niet eens, laat staan de heuvels, maar ik móést eruit. Het was een nieuwe ervaring, door de nevelige bossen lopen, die vochtige kou tegen mijn wangen voelen, de rivier in het dal niet zien. Ik beklom de hoogste heuvel achter mijn huis en tot mijn grote verbazing stapte ik een paar meter onder de top opeens uit de mist. Ik kon over de mistvelden kijken, zag zelfs heel vaag de besneeuwde Alpentoppen in de verte, zag andere heuveltoppen in de buurt die ook net boven de grijze zee uitstaken, eigenwijs en eenzaam, en de tranen sprongen me in de ogen. Het uitzicht was zó mooi en zó van mij. Ik keek naar waar mijn dorp moest liggen, dacht aan alle mensen die zich daar in hun huizen bevonden onder die dikke mistdeken, als mollen onder de grond, en voelde me de gelukkigste mens op aarde.

Een paar weken daarna maakte ik een andere onvergetelijke wandeling. Over precies dezelfde paden, alleen lagen die nu verstopt onder een dikke laag sneeuw. Ik was die ochtend de eerste die de sneeuw betrad en dat gaf een enorme kick. Het was alsof alle paden die ik zo goed kende opnieuw waren aangelegd, nu speciaal voor mij. Dieper in het bos kwam ik het eerste dierspoor tegen, van een hert. Hoe verder ik liep, hoe meer sporen ik zag: van herten, konijnen, eekhoorns, een das, een vos die een sprong had gemaakt, sporen en pootafdrukken die ik niet kon thuisbrengen. De ontdekking dat ik die ochtend níét de eerste was geweest in het bos gaf een nog veel grotere kick. Het was magisch om die bewijzen te zien van een enorme nachtelijke bedrijvigheid op nog geen kilometer van mijn huis, een bruisend nachtleven waar ik tot dat moment geen weet van had gehad. Overdag kon ik in de waan verkeren dat ik de enige was in dat bos, dat het van mij was, maar ik wist nu dat er overal dieren verstopt zaten en dat zij 's nachts de wandelpaden gebruikten waarover ik overdag liep.

Wandelen is dat stukje van de wereld eventjes van jou maken. Het onverwachte vergezicht, het wegschietende eekhoorntje, de sperwer die zich laat verrassen terwijl hij zijn prooi oppeuzelt, het bijtje op de bloesem: allemaal voor jou, van jou. Zoals de Amerikaanse schrijver Annie Dillard opmerkt in *Pilgrim at Tinker Creek*: '[...] beauty and grace are performed whether or not we will or sense them. The least we can do is try to be there.'

Er gebeurt nog iets als je vaker terugkeert naar dezelfde plek: er ontstaat een soort wisselwerking tussen jou en dat bos, of die berghelling, het weiland, het meertje. Ook dat fenomeen beschrijft Gros mooi: 'Een paar dagen, weken of jaren zijn vergleden en je zegt: het is waarachtig veel te lang geleden dat ik daar was. Het verwacht me, ik moet er te voet naartoe. De langzame weg, stevig onder je voetstappen, de ligging van de heuvels, de hoogte van de bossen, alles is er nog: het zijn kennissen.'[19]

Kennissen, vrienden, misschien zelfs geliefden. De liefde die ik voel voor mijn dennenbos was voor mij nieuw, nooit eerder heb ik zo intens van een stukje natuur gehouden. Ervan gescheiden zijn veroorzaakt een stekende pijn en ik vind het een bedroevend idee dat ik bepaalde dingen mis als ik langere tijd niet in Italië ben: de kleurrijke winterse zonsondergangen, de aankomst van de dwergooruiltjes, de bloei van de irissen. Toen ik eens na drie maanden in Nederland eindelijk weer in de heuvels was, hoorde ik mezelf zelfs hardop tegen het bos zeggen: 'Ik heb je gemist!'

Dat ik zo verknocht ben aan dat bos heeft vermoedelijk ook te maken met de ontwikkeling die ik er de afgelopen twee jaar zelf heb doorgemaakt tijdens mijn wandelingen. Ik overwon er stapje voor stapje vele angsten en ging ernaartoe als ik even pauze wilde van mijn werk, maar ook als ik boos of verdrietig was, of als ik even niet wist hoe ik me voelde. Het groeide uit tot een toevluchtsoord waar ik alleen was maar me nooit alleen voelde. Boos zijn in mijn bos – en dennenappels en keien het ravijn in smijten – luchtte op, in tegenstelling tot thuis in mijn eentje boos zijn tussen vier muren. Alsof het bos me aanmoedigde: 'Kom maar, gooi het er maar uit, hier heb ik nog een dikke kei voor je.' Het oordeelde niet en was er altijd. Solnit schrijft in *Wanderlust*:

> Wanneer je jezelf aan plaatsen geeft, geven zij je jezelf terug; hoe beter je ze leert kennen, hoe meer je ze bestrooit met een onzichtbare oogst aan herinneringen en associaties die je op zullen wachten wanneer je hier weerkeert, terwijl nieuwe plekken nieuwe gedachten, nieuwe mogelijkheden opleveren. Een van de beste manieren om de geest te verkennen is de wereld verkennen, en wandelen bestrijkt beide terreinen.[20]

Alleen op avontuur gaan geeft ons de gelegenheid onze eigen geest te leren kennen, maar altijd binnen de grenzen van ons eigen lichaam. Gaan we te ver of zijn we niet op de juiste weg, dan waarschuwt dat lichaam ons. Ik herinner me een periode waarin ik een gebroken hart had en elke dag weer de heuvels in ging. Ik snelde er over de paden, niet om daar in het bos te zijn, maar om even niet dat hart te voelen. Na zes dagen racen speelde een oude knieblessure op. Toen ik die negeerde en de dag erop toch weer vertrok, werd de pijn zo erg dat ik niet verder kon. Mijn lichaam wil me iets vertellen, besefte ik. Ik kon letterlijk niet meer weglopen van wat ik onder ogen moest zien. Ik zocht een mooi plekje uit boven op de heuvel, zeeg neer op de dennennaalden, leunde met mijn rug tegen een dikke boomstam en liet eindelijk de tranen komen. Daarna ging het beter, met mijn geest én mijn knieën.

In april 2020 verscheen in NRC *Handelsblad* een lang en persoonlijk verhaal van journaliste Gemma Venhuizen, getiteld 'Alleen met de bergen', over haar wandelvakantie in Zwitserland. In de eerste scène heeft haar trein net Amsterdam Centraal verlaten en spreekt ze de voicemail van haar ex in, met wie ze op vakantie zou gaan. Ze smeekt hem om alsnog mee te gaan en zegt dat ze bij Utrecht Centraal uit de trein zal stappen.

Hij gaat niet mee. Toch stapt Gemma niet uit. Ze schrijft:

> Nooit was ik langer dan 24 uur op een plek geweest zonder iemand te zien en te spreken. Ik hield van het beeld van mezelf als einzelgänger, als reislustige zelfstandige 34-jarige vrouw. Maar hoe het echt zou zijn om in mijn eentje een meerdaagse bergtocht te maken? Geen flauw idee. En juist daarom besloot ik het te doen. Reizen met het doel om alleen te zijn, met mezelf als enige vakantieliefde.[21]

Ze gaat zeven dagen de bergen van Ticino in, het Italiaanse deel van Zwitserland, om te wildkamperen. Het wordt een test: 'Om te kijken of ik het kan: echt alleen zijn. Zonder afleiding op eenzame momenten. Zonder iemand in de buurt als ik me somber voel, of bang.'

Een jaar na haar reis, in juni 2020, spreek ik Gemma. Ze vertelt dat ze voor haar solotocht al wel in de bergen had gewandeld, en ook wildkamperen was haar niet vreemd, maar het was altijd met minstens één metgezel. 'Ik had wel eerder alleen gereisd en ook regelmatig dagwandelingen gemaakt, en ik had een keer een nacht in een hutje geslapen tijdens een wandeling. Maar die meerdaagse tocht door de bergen in mijn eentje was echt nieuw terrein.'

Gemma zag vooral op tegen de praktische kant. 'Mijn ex-vriend was een door de wol geverfde outdoorman. Dus als het gasstelletje aan moest of de tent opgezet, liet ik hem dat doen. Hij kon het beter. Natuurlijk wist ik wel dat ik het in theorie ook zelf kon, maar ik vond het toch spannend: was ik zelfredzaam genoeg om mijn kampje op te zetten en voor mezelf te zorgen? Ik hoorde ook steeds zijn stem in mijn hoofd, die commentaar leverde. Dat de tent een beetje scheef stond, of niet strak genoeg. Maar hij stond wel. Dan staat hij maar wat minder strak, dacht ik, ik heb het wel gewoon in mijn eentje gedaan. Het was een overwinning op mezelf.'

Gemma kan het iedereen aanraden, er alleen op uit trekken. 'Je leert je eigen kracht kennen. Het is zo fijn om te ontdekken dat je op jezelf kunt terugvallen en dat je in je eentje tot dingen in staat bent. Wandelen en wildkamperen brengen je terug naar de essentie van dingen. Ik woon in Amsterdam en in de stad is altijd afleiding, er zijn altijd prikkels. Als je in de bergen loopt, ben je slechts bezig met basale uitdagingen: brandt mijn havermout aan? Waar zet ik mijn tent op? Hoeveel haringen moet ik gebruiken? Is mijn tent niet lek? Hoelang moet deze gevriesdroogde maaltijd koken op dit gasstelletje? Die focus op het essentiële maakt het leven heel overzichtelijk, het is een bijna meditatieve ervaring. En in je eentje voor die vraagstukken staan, alleen met de natuur zijn en jezelf in leven houden, daar haal je een simpele voldoening uit. Zo overzichtelijk kan het leven zijn.'

Het sterke gevoel dat Gemma overhield aan haar avontuur, nam ze mee de berg af. 'Die wandeltocht is heel belangrijk voor mij geweest. Ik ben daar in die bergen betere maatjes met mezelf geworden en dat heeft niemand me meer afgepakt. De wetenschap dat ik het kan in mijn eentje, niet alleen overleven maar het ook nog echt leuk hebben met mezelf, daar heb ik ook tijdens de coronacrisis veel aan gehad. Ik gedij ook zonder de hele tijd contact te hebben en ik genoot ervan dat 'alleen in de bergen'-gevoel weer even te hebben. Lekker met mezelf en mijn gedachten zijn.'

Een andere positieve verandering die Gemma's bergtocht teweegbracht, was dat ze anders naar haar lichaam ging kijken. Ze schrijft in 'Alleen in de bergen':

> Ik trek mijn doorweekte shirt uit. [...] Mijn buik, nat van het zweet, vormt een rolletje vet boven de strak aangesnoerde riem van mijn rugzak. Mijn heupen trillen mee met elke stap en toch blijft de kritische stem die ik normaal in mijn hoofd hoor uit. Geen waardeoordelen. Zonder spiegels, zonder mensen in de buurt mag mijn lijf gewoon mijn lijf zijn.[22]

'In de bergen is je lichaamsbeleving radicaal anders,' licht ze toe. 'Ik vind het soms best lastig dat onze maatschappij zo op uiterlijk is gericht. We zijn geneigd onszelf kritisch te bekijken en te toetsen aan het schoonheidsideaal, te beoordelen in welke mate we daar wel of niet aan voldoen, en dat gebeurt in de media ook continu. Je kunt jezelf daarmee echt de put in praten. Maar in je eentje in de bergen telt hoe je eruitziet niet meer. Als je geen gezelschap en geen spiegel hebt, maakt het niets meer uit of je je benen hebt geschoren en of je haar goed zit. De focus verschuift noodgedwongen naar de functionele kant van je lichaamsbeleving.'

Ook Cheryl Strayed beschrijft in *Wild* dat de relatie tot haar lichaam verandert: 'Het kon me niet langer schelen dat ik me de ene dag ietsiepietsie dikker of dunner voelde dan de voorgaande dag. Mijn haar was continu een puinhoop. Doordat mijn voeten voortdurend pijn deden, mijn schouderspieren en bovenrug brandden en keihard werden, drongen kleine pijntjes niet meer tot me door.'[23] Shanna Bussink beaamt dat we zijn afgedwaald in bezig zijn met hoe ons lichaam eruitziet in plaats van wat het voor ons doet. 'Durven vertrouwen op je lichaam is echt een groot goed. Het brengt je heel veel autonomie en dat is ook de reden dat ik altijd veel in het krachthonk te vinden ben geweest. Tijdens een pittige trektocht leer je weer wat je lichaam kan. Dat hoeveel het soms ook kan klagen over diverse pijntjes, het jou en je zware bepakking wel die berg op krijgt.'

Gemma noemt die ervaring een bevrijding. 'Niet meer die gecompliceerde, negatieve relatie tot mijn lichaam, maar een positieve: wauw, dit kan mijn lichaam allemaal! Mijn benen hebben me toch maar mooi die berg op gedragen en mijn armen zijn sterk genoeg om het gewicht van die veel te zware rugzak mee te torsen! Je gaat terug naar je eigen natuur. Ik werd betere vrienden met mijn lichaam. Sindsdien ben ik wat liever en milder voor mijn eigen lijf, minder streng en straffend voor de delen die niet aan dat typische schoonheidsideaal voldoen. Ik ben vooral heel blij met wat het kan, en daardoor vanzelf ook blijer met hoe het eruitziet.'

Wat betreft haar relatie tot haar geest: ze had gehoopt op supergrote verhelderende levensinzichten, maar dat viel behoorlijk tegen. 'Het nadeel van alleen zijn is dat je veel ruimte hebt om te piekeren omdat er geen klankbord of relativerende stem is die even zegt: "Dat valt wel mee." Wandelen helpt wel je hoofd een beetje leeg te maken en je positiever te stemmen, maar je gedachten kunnen ook repetitief worden en ik vind het moeilijk om dat echt uit te zetten. Ik had dus geen aha-erlebnis op de top van de berg, maar naast dat ik milder werd voor mijn eigen lichaam, werd ik ook liever voor mijn eigen gedachten. Je bent je enige gezelschap, dus je kunt het maar beter zo aangenaam mogelijk maken voor jezelf. Ik merkte dat ik niet alleen minder oordeelde over hoe ik eruitzag, maar ook over mijn gedrag. Ik speelde soms kinderlijke spelletjes om mezelf te vermaken, maar zonder de strenge of veroordelende blik van anderen kun je gewoon zijn wie je wilt zijn, en dus ook een beetje gek of speels of luchtig.'

Wie je de berg mee op neemt, kom je daar tegen, aldus Gemma. 'Als je niet lekker in je vel zit, dan zul je dat ook boven op de berg merken. En ik zat eigenlijk helemaal niet zo lekker in mijn vel tijdens die tocht, mijn relatie was net uit, het was echt niet alleen maar halleluja. Zeker als ik 's nachts in mijn eentje in de tent lag, voelde ik me soms best wel somber. Maar de natuur heeft een troostende werking, dat merkte ik in de coronacrisis ook. Daar haalde ik plezier en energie uit op de momenten dat ik niet bij mijn vrienden kon zijn.'

Een voorbeeld daarvan is een geluksmoment dat Gemma beschrijft na zo'n eenzame nacht:

> Ik word wakker van de zon op de tent. Buiten zoemt een hommel en al na twee lucifers is het water aan de kook voor de havermout. Ik leg mijn luchtbed buiten in het gras en kijk liggend op mijn buik naar de waterval. Heel even voelt het leven volmaakt, ook zonder het te delen.[24]

Na haar wandeltocht door Zwitserland wist ze zeker dat ze dit vaker wilde doen. Begin maart, net voor de coronacrisis, trok Gemma langs de zuidkust van Engeland, van B&B naar B&B. 'Dat is natuurlijk anders omdat je 's avonds altijd mensen ziet, maar het gevoel van vrijheid was hetzelfde. Dat je alles in eigen hand hebt, zelf bepaalt hoelang je wandelt en waar je overnacht.' Gemma's droom is om – als de coronarestricties het toelaten – in de winter naar Nieuw-Zeeland te gaan en daar een langere bergtocht te maken. Ze wil een deel van de Te Araroa lopen, de wandelroute die van het noordelijkste punt van het Noordereiland naar het uiterste zuiden van het Zuidereiland loopt, over een lengte van 3000 kilometer.

Aan het eigen gezelschap en dat van de natuur zou voor de solowandelaar overigens nog een derde vorm van gezelschap kunnen worden toegevoegd: dat van de rugzak. Cheryl Strayed geeft haar loodzware rugzak in *Wild* na verloop van tijd zelfs een naam: Monster. In het begin van haar tocht worstelt ze met het gewicht, met de pijn die dat gewicht veroorzaakt. Na een maand lopen schrijft ze het volgende: 'Monster was mijn universum, mijn onbeweeglijke vijfde ledemaat. Hoewel zijn gewicht en afmetingen me nog steeds in mijn bewegingen beperkten, had ik geaccepteerd dat dit de last was die ik moest dragen. Daar stond ik niet meer opstandig tegenover, zoals een maand geleden. Er was geen sprake van ik tegen hem. We waren één.'[25]

Wandelaar en rugzak horen bij elkaar als wielrenner en fiets, als ruiter en paard. Wat de wandelaar nodig heeft is overzichtelijk: een goed paar wandelschoenen en een rugzak waarin hij het broodnodige kan meetorsen: regenkleding, een paar schone sokken, een tandenborstel, EHBO-setje, water en proviand. En eventueel een tent, slaapzak en gasstelletje. Alles om te kunnen overleven. De rugzak en de inhoud daarvan zijn voor de wandelaar van onschatbare waarde, letterlijk van levensbelang.

In *The Salt Path* (in het Nederlands vertaald als

Het zoutpad) schrijft de Britse Raynor Winn over de voettocht die zij maakte met haar echtgenoot Moth. Ze zijn hun huis verloren in een rechtszaak en hebben vlak daarna te horen gekregen dat Moth terminaal ziek is. In een opwelling besluiten ze het South West Coast Path te lopen, in het zuidwesten van Engeland. Winn beschrijft hoe hun gevoelens jegens de weinige bezittingen die ze meedragen in de loop van hun voettocht zijn veranderd:

> De inhoud van de rugzakken lag verspreid over de rotsen om ons heen, licht stomend in de middagzon. Spullen die vreemd maar redelijk praktisch hadden geleken toen we ze een paar weken eerder hadden gekocht, waren nu als familie. We zagen al hun gekmakende eigenaardigheden en tekortkomingen, maar elk item was iets waar we niet zonder konden leven, iets wat we tot op het bot zouden verdedigen. Zelfs de flinterdunne slaapzakken die we inmiddels begonnen te haten waren onmisbaar als een irritant broertje of zusje.[26]

Voor wildkamperende wandelaars gaat de tent zo'n zelfde belangrijke rol spelen. Strayed beschrijft dat ze zich goed voelt bij het ritueel haar weinige bezittingen om zich heen uit te stallen in de tent en Winn schrijft iets soortgelijks. Strayed had verwacht dat ze tijdens haar tocht onder de blote sterrenhemel zou slapen, maar dat blijkt ze mis te hebben gehad. ‘Elke avond verlangde ik naar de bescherming van mijn tent, het gevoel dat er iets was wat me afschermde van de rest van de wereld, waardoor ik veilig zou zijn, niet voor gevaren, maar voor de onmetelijkheid zelf.’[27]

Een van de prachtige wandelpaden langs de kust in de Cinque Terre (Ligurië, Italië)

Lenteregen op komst (Piëmont, Italië)

Dierspoor in de sneeuw in het Parco delle Capanne di Marcarolo (op de grens tussen Piëmont en Ligurië, Italië)

Smeltende sneeuw in het bos achter mijn huis (Piëmont, Italië)

Tussen Wanneperveen en Giethoorn (Overijssel, Nederland)

Wandelpad in de buurt van Wanneperveen (Overijssel, Nederland)

De betoverende Camino Real, een eeuwenoud wandelpad tussen Barichara en Guane (Santander, Colombia)

Pad tussen de palmen in Parque Nacional Natural Tayrona (Magdalena, Colombia)

Ochtendwandeling over de onverharde wegen rond Jardín (Antioquia, Colombia)

Torenhoge dennenbomen in het nevelwoud van Valle de Cocora (Quindío, Colombia)

DE MOED OM BANG TE ZIJN

Op haar 26ste begint Cheryl Strayed aan een ruim 1700 kilometer lange wandeltocht over de Pacific Crest Trail, van Mojave in het zuiden van Californië naar een brug op de grens tussen Oregon en Washington. Strayed is een aantal jaar eerder haar moeder verloren, gescheiden van haar man en sindsdien aan het dwalen (ze koos na haar scheiding zelf de nieuwe achternaam Strayed). Die voettocht ondernemen is een impulsief besluit. Wat ze precies zoekt weet ze niet wanneer ze vertrekt, maar het wordt haar in de drie maanden dat ze afziet op het ruige wandelpad door meerdere gebergten steeds duidelijker waarom ze daar is en waarom ze het zo nodig had. Bijvoorbeeld als ze op een gegeven moment overweegt om zich bij twee andere wandelaars aan te sluiten:

> Met Tom en Doug in de buurt hoefde ik 's nachts niet tegen mezelf te zeggen dat ik niet bang was, elke keer wanneer ik in het donker een takje hoorde breken of de wind

> zo tekeerging dat het op een onheilstijding leek. Maar ik was hier niet om te voorkomen dat ik mezelf moed moest inpraten. Ik was hier, besefte ik, om die angst recht in de ogen te kijken en te overwinnen, om alles wat ik had gedaan en wat me was aangedaan recht in de ogen te kijken en te overwinnen. Die kans zou ik mezelf ontnemen als ik me bij anderen aansloot.[28]

Later in haar verhaal, als ze al heel wat kilometers heeft afgelegd in haar eentje, komt Strayed aan bij een sneeuwvlakte die ze moet oversteken. Ze heeft inmiddels ervaring opgedaan met lopen in de sneeuw in de Sierra Nevada, maar deze witte vlakte had ze niet verwacht. Ze heeft bovendien haar pickel al ergens achtergelaten om het gewicht ervan niet meer te hoeven meedragen. Ze is zich zeer bewust van wat er allemaal fout kan gaan en kruipt op handen en voeten, trillend van angst, over de sneeuw. Ze schrijft:

> Toen ik de andere kant bereikte, voelde ik me een idiote zwakkeling. Ik had ook medelijden met mezelf en voelde me kwetsbaarder dan ik me tijdens de voettocht ooit eerder had gevoeld, jaloers op de stelletjes die elkaar hadden. [...] 'Ik ben niet bang,' zei ik tegen mezelf; mijn oude vertrouwde mantra om mijn geest tot rust te brengen. Maar het

had niet het gebruikelijke effect. Misschien omdat het niet helemaal waar meer was. Misschien was ik eindelijk zover gekomen dat ik de moed had bang te zijn.[29]

Wie veel wandelt, wordt fysiek sterker. Ik heb de afgelopen jaren gemerkt hoe mijn lichaam zich aanpaste aan de heuvels, zeker in de periodes dat ik er veel op uit trok. Mijn conditie verbeterde, mijn spieren groeiden, mijn benen en billen kregen een andere vorm, heuvelachtiger, alsof ik ook lichamelijk steeds meer één werd met het landschap. Maar waar ik het meest aan heb gehad, is dat ik mentaal weerbaarder werd. Het vertrouwen in mijn lichaam, in mijn eigen kunnen en in de wereld groeide mee met mijn spieren, en dat heeft alles te maken met wat Strayed zo mooi en treffend 'de moed om bang te zijn' noemt.

Het idee voor dit boek ontstond tijdens een steile klim op een zonnige ochtend in februari 2020. Normaal stuur ik voor vertrek een berichtje aan Clementina, een vriendin die in de buurt woont, dat ik de heuvels inga. Zodra ik weer terug ben in het dorp laat ik haar dat ook weten. Toen ik voor het eerst aan Clementina vroeg of ik haar mocht appen wanneer ik in mijn eentje het Parco delle Capanne di Marcarolo in trok, stuurde ze terug: 'Natuurlijk. Ik wil altijd weten waar je bent.' Maar Clementina zat die februariochtend in Portugal. Dus appte ik een kaartje van de route naar mijn buurvrouw en schreef: 'Ik loop vandaag een nieuwe route, veel langer dan normaal. Als ik om vijf uur nog niet terug ben, komen jullie me dan zoeken?'

'Ik waarschuw de hulpdiensten vast,' schreef ze terug.

Tijdens de verrekt steile eerste klim kauwde ik nog na op haar reactie. Die maakte me boos. Ik kende dit pad niet en ik wist dus niet hoeveel schade de zware regenval in de herfst had aangericht. In het grootste deel van het Parco delle Capanne di Marcarolo is bovendien geen mobiel bereik en ik kom er vrijwel nooit iemand tegen. Het zou volkomen onverstandig zijn om hier in mijn eentje rond te gaan lopen zonder dat tegen iemand te zeggen. Desondanks merkte ik dat ik ook geïrriteerd was omdat ik zelf schroom had gevoeld toen ik mijn buurvrouw dat berichtje stuurde. Alsof ik me aanstelde en overdreven bang was. Uit haar reactie bleek wel dat zij dat inderdaad vond.

Ik had al eens eerder op het punt gestaan mijn buurvrouw te appen tijdens een wandeling. Toen ik er een keer laat in de middag op uit was getrokken en ik halverwege opeens niet zeker wist of ik voor het donker terug in het dorp zou zijn. Ik stond stil, met mijn telefoon in de hand, en twijfelde. Zou ze het serieus nemen? Uiteindelijk besloot ik niet te appen maar om te keren, niet door het bos naar huis, maar over de verlichte weg, zoals ik gekomen was. Ik maakte liever rechtsomkeert dan dat ik liet weten dat ik me zorgen maakte. Na haar reactie die februariochtend snapte ik wel waarom.

Halverwege de klim, die eindeloos leek door te lopen – na elke bocht hoopte ik dat de top in zicht zou komen, maar dat gebeurde anderhalf uur lang niet – was ik zo buiten adem dat ik geen energie overhad om nog boos te zijn. Dat zij nou geen compassie kan opbrengen voor angst is haar probleem, besloot ik.

Terwijl ik mijn wandeling vervolgde, dacht ik terug aan mijn eerste maanden in de heuvels in 2018, aan hoe ontzettend bang ik was. De eerste keer dat ik het dennenbos in liep – het bos dat ik nu mijn toevluchtsoord noem – verstijfde ik toen een man me in z'n eentje tegemoet kwam lopen. Hij begroette me vriendelijk en liep verder, maar ik keerde om zodra hij uit het zicht was en liep snel terug naar huis. Ik ga hier nooit meer alleen lopen zonder mes, besloot ik. Ik moet me kunnen verdedigen als ik hier eens een man tegenkom die niet zo vriendelijk is.

De daaropvolgende keren dat ik op pad ging, had ik mijn zakmes bij me. Thuis oefende ik hoe ik dat snel open kon krijgen. Met het mes op zak durfde ik steeds iets verder te lopen, raakte ik vertrouwd met de paden en routes. Elke man die ik tegenkwam zei '*Salve*' of '*Buongiorno*' en liep dan door. Een paar maanden later besefte ik opeens dat ik het mes al wekenlang niet meer bij me had gehad, dat ik er zelfs niet meer aan had gedacht.

Het was een simpel hulpmiddel geweest, dat me de moed had gegeven om te blijven wandelen, net zo lang tot ik genoeg vertrouwen had gekregen in het bos en de andere wandelaars om het ook zonder hulp aan te durven.

Dat ik niet meer bang was voor enge mannen, betekende echter niet dat ik onbezorgd fluitend door die heuvels liep. Intussen was ik namelijk tegen nieuwe angsten aangelopen. De meest verlammende was de vrees om midden in het bos een hartaanval te krijgen. Die speelde vooral op wanneer ik van de gebaande paden week en kleine paadjes volgde, waar niemand me zou vinden omdat daar nooit iemand kwam. Later ontdekte ik dat ik niet de enige ben die last heeft gehad van dit verschijnsel – het treft ongetrainde sporters vaker. Wat er gebeurt, is het volgende: omdat je je meer inspant dan normaal, gaat je hart sneller kloppen. Je voelt het bonken, hoort je bloed suizen en denkt: o jee, wat gaat mijn hart tekeer, zou dat wel goed zijn? Omdat je bang wordt, versnelt je ademhaling en gaat je hart nóg sneller kloppen. Dit is het moment waarop de imaginaire hartaanval een zeer vervelende bijwerking kan hebben: een paniekaanval, in je eentje, in het bos.

Het vergt wat training om jezelf op zo'n moment weer te kalmeren, zeker als er hartproblemen voorkomen in je familie, zoals in mijn geval. Het moment dat mijn vrees voor een hartaanval begon op te spelen, was ook het moment waarop ik besloot het voortaan aan Clementina te laten weten als ik in de bossen was. Wie een been breekt kan nog roepen of bellen, wie alleen in de natuur een hartaanval krijgt is kansloos. Het idee dat iemand me in elk geval zou gaan zoeken op die kleine paadjes als ik me de rest van de dag niet meer meldde, was al heel geruststellend. Wat ik ook deed, was alles lezen wat ik op internet kon vinden aan informatie over hartaanvallen en een lijstje maken met de feiten en risicofactoren. Dat lijstje sloeg ik op in mijn telefoon zodat ik het kon doorlezen wanneer de angst opkwam. Opdat ik mezelf kon kalmeren met de feiten: ik ben jong en gezond. Ik rook niet. Mijn bloeddruk is eerder te laag dan te hoog. Ik heb geen diabetes en geen obesitas. Ik heb de afgelopen tijd weinig stress ervaren. De kans dat deze verhoogde hartslag betekent dat ik een hartaanval krijg, is verwaarloosbaar. Ik heb sindsdien tijdens het wandelen misschien nog twee of drie keer op het lijstje gekeken, daarna ben ik het vergeten. Ik weet niet eens of het nog op mijn telefoon staat. Ik raakte vertrouwd met het gebonk van mijn hart en het gesuis van mijn bloed, en naarmate ik sterker en fitter werd, nam dat bonken en suizen steeds sneller af als ik even een adempauze nam.

Bovendien vond ik na verloop van tijd het voor mij ideale medicijn tegen allerhande angsten tijdens het solowandelen. Als er in mijn geest iets engs opkomt en ik me onrustig begin te voelen, weet ik inmiddels wat me te doen staat: mijn camera erbij pakken, om me heen kijken en op zoek gaan naar schoonheid. Foto's maken leidt me af, het verlegt mijn aandacht van mijn eigen gedachten naar iets wat zich buiten mezelf bevindt. Een mooi uitzicht, een ontluikende knop, een vlindertje, een klein roze bloemetje tussen het gras. Ik neem alle tijd om te zoeken naar de mooiste compositie en tegen de tijd dat ik een foto heb gemaakt waarmee ik tevreden ben, ben ik vergeten dat ik ergens bang voor was. Mijn camera dwingt me om te focussen op de schoonheid om me heen en heeft mijn zakmes en het lijstje overbodig gemaakt.

Roanne van Voorst doet al heel lang wetenschappelijk onderzoek naar angst en moed. Ze is antropoloog, onderzoeker en schrijver en promoveerde op een onderzoek naar leven en werken onder stress. Daarnaast schreef ze meerdere boeken over hoe mensen omgaan met angst en dreiging en ontwikkelde ze een trainingsmethodiek voor het overwinnen van angsten. Roanne gaat regelmatig in haar eentje wandelen. 'De ene keer is dat spectaculairder dan de andere keer. Ik heb wel eens een huttentocht gedaan in Scandinavië, vorig jaar ben ik een week naar Schotland geweest, maar soms maak ik gewoon een dagwandeling in Nederland. Dan ga ik ergens naartoe met de trein voor een tocht van een halve dag of een uur of zes. Ik heb voor vertrek niet altijd zin om op de trein te stappen voor zo'n NS-wandeling, maar als ik er eenmaal ben, vind ik het fantastisch.'

Wandelen is voor Roanne meditatie in beweging.

‘Dat betekent niet dat ik per definitie over diepe dingen nadenk en al helemaal niet dat ik niet nadenk. Het voelt vooral als meditatie omdat ik stiller word en mijn intuïtie beter voel. Toen ik vorig jaar ging wandelen in Schotland was ik bezig met een vraagstuk dat speelde binnen de relatie die ik destijds had. Voor vertrek dacht ik: daar ga ik eens een weekje over nadenken. Maar al tijdens de eerste dag wandelen voelde ik wat ik moest doen. Als je wegloopt uit het lawaai en even niet in contact bent met anderen, hoor je je innerlijke stem duidelijker.’

Roanne ervaart de natuur vaak als een veilige plek waar ze kan bijkomen en waar er voor haar wordt gezorgd. ‘Zeker als ik moe of verdrietig ben, dan kan in de natuur zijn voelen als thuiskomen. Alsof de natuur zegt: kom maar.’ Het alleen wandelen brengt haar vooral rust. ‘Fysiek moe worden vind ik een fijne manier van mentaal uitrusten. Ik word ook rustiger van hoe simpel het leven is als je wandelt: lopen tot je honger krijgt, eten, doorlopen tot je honger krijgt, eten, slapen, *repeat*. Het haalt veel keuze weg uit je dagelijks leven. Je loopt op zo’n pad en dat is het.’ Het fijnste aan alleen wandelen vindt ze de intense geluksmomenten. ‘Met een vriendin wandelen kan ontzettend gezellig zijn. Je bent aan het babbelen en alles wat je ziet benoem je hardop: “Kijk wat mooi, die lucht!” In je eentje houd je het voor je en het lijkt alsof het gevoel daardoor versterkt. Ik kan helemaal ontroerd raken door de schoonheid om me heen als ik alleen ben.’

Roannes fascinatie voor hoe mensen omgaan met angst kwam voort uit haar antropologisch veldwerk. 'Als je onderzoek doet naar de sociale effecten van klimaatveranderingen, kom je terecht in literatuur over risico. Hoe kunnen mensen leven in een gebied dat regelmatig overstroomt, of in de buurt van smeltend ijs? Ik leerde veel over hoe mensen zichzelf kalm houden. We hebben trucjes, vertellen onszelf bepaalde verhalen, bijvoorbeeld: "Deze overstroming was heel erg, dus de volgende wordt minder erg." Doen we dat niet, dan wordt het ondraaglijk om op zo'n risicovolle plek te blijven wonen met ons gezin.'

Toen ze jaren geleden begon met rotsklimmen in het gezelschap van haar toenmalige vriend, werd Roanne geconfronteerd met haar hoogtevrees. 'Ik was echt doodsbang, zo bang dat ik ervan trilde en misselijk was. Ik zag dat andere mensen vrij relaxed aan het klimmen waren, zelfs lachten. Ben ik nou echt de enige die dit zo eng vind? vroeg ik me af. Iemand vroeg me of ik het leuk vond en ik antwoordde: "Ik ben zo bang dat ik eigenlijk niet eens kan voelen of ik het leuk vind." Diegene reageerde met: "Ik was in het begin ook heel bang, maar toen heb ik valoefeningetjes gedaan en dat hielp." Al snel ontdekte ik dat veel klimmers als beginner bang waren geweest en dat soms nog steeds waren, maar dat zij net als mensen die in risicogebieden wonen trucjes hebben om zich kalmer te voelen. Ze deden bijvoorbeeld ademhalingsoefeningen of hadden zichzelf langzaam laten wennen aan grotere hoogtes.' Om meer over die trucjes te leren, besloot Roanne mensen die gevaarlijke sporten beoefenen te interviewen over hoe zij hun angst overwinnen, met het boek *Alles onder controle* als resultaat.

Angst is een energie die kan opkomen in je lijf, legt Roanne me uit. 'En wat ik er interessant aan vind, is dat die energie maar negentig seconden hoeft te duren. Neem als voorbeeld het moment dat je een weg oversteekt, je vanuit je ooghoek een auto ziet aankomen en je schrikt, je even dat gevoel hebt alsof je elektrisch bent geladen. Is de dreiging weg – de auto is voorbijgereden en heeft je niet geraakt – dan verdwijnt dat gevoel in principe weer na zestig of negentig seconden. Behalve als je jezelf blijft vertellen dat het gevaar er nog altijd is en je de angst blijft voeden met gedachten die je nog banger maken.'

En blijkbaar is dat wat we vaak doen. We denken niet: het gevaar is weg, maar houden de angst juist groot door er een heel verhaal bij te verzinnen, met gedachten als: dat was levensgevaarlijk, of: ik was bijna dood geweest. 'Als je dat doet, kan een gevoel van spanning dagen in je lichaam blijven zitten. Net zoals een ruzie nog dagen in je kop kan blijven hangen, terwijl de boosheid zelf een golf van energie is die opkomt en dan weer wegebt.'

Wat Roanne ook leerde: angst gaat soms over het nu – bijvoorbeeld als je onder schot wordt gehouden – maar veel vaker ben je bang voor iets wat nog moet komen. Als je alleen in het bos loopt en je ziet een man lopen, kun je al schrikken van zijn aanblik terwijl hij zijn pistool nog niet uit zijn jaszak heeft getrokken. Bijvoorbeeld omdat er een associatie opkomt met een beeld uit een enge film die je hebt gezien. We kunnen dus net zo bang zijn voor een reële dreiging in het heden als voor iets wat nog helemaal niet is gebeurd en misschien ook nooit zal gebeuren. 'Verreweg de meeste mensen zijn fijne, aardige mensen en verreweg de meeste vreemde mannen knikken je vriendelijk toe. Maar via de media krijgen we bizarre en uitzonderlijke gebeurtenissen mee. Als je een paar nare verhalen hebt gehoord, enge films hebt gezien of iets te veel thrillers hebt gelezen, kan dat in je hoofd gaan zitten. Onze hersenen zitten zo in elkaar dat onze sensitiviteit voor dreiging groter is dan onze sensitiviteit voor mooie bloemetjes. De perceptie van dreiging kan dus tot een heftige reactie leiden.'

Angst is inherent aan mens-zijn – je kunt angsten dus niet wegnemen, niet bij jezelf en niet bij anderen. Maar je kunt er wel mee leren omgaan of ze overwinnen. Als je bijvoorbeeld leert om je angst niet te voeden met bepaalde gedachten, duren momenten van angst korter en zijn ze minder heftig. 'Angst kan in onze gedachten zitten of in ons lijf. Stel dat je een keer iets naars hebt meegemaakt terwijl je alleen in het bos was en je gaat opnieuw het bos in, dan kan je al bij de eerste stappen merken dat je gespannen bent. Je voelt angst, maar er is geen dreiging. In zo'n situatie zit de angst in je hoofd en kan het werken om tegen jezelf te zeggen: "Luister, ik heb iets vervelends meegemaakt en daar ben ik nu bang voor, maar de afgelopen honderd keer dat ik alleen aan het wandelen was, ging alles goed. Dus de kans dat er weer iets naars gebeurt, is heel klein." Dan kun je angst wegredeneren, wat iets anders is dan het negeren.'

Zo met jezelf in conclaaf gaan is mogelijk zolang je nog rustig bent. Bijvoorbeeld als je naar een plek gaat waar een gevaarlijke, steile helling is. Dan kun je je angst onder controle houden met argumenten als 'ik kan dit, ik heb dit al eerder gedaan' of 'dit is een publiek wandelpad, dus die waarschuwing die ik net zag over het gevaar van dit pad geldt vooral voor de bejaarden en kinderen die hier ook lopen'.

Veel vaker manifesteert angst zich echter lichamelijk, als een intens gevoel dat soms kan leiden tot hyperventilatie of een paniekaanval. Dan kan iemand honderd keer tegen je zeggen: 'Rustig maar, er is niets aan de hand', maar als de angst in je lijf zit, komt dat niet binnen, omdat je op zo'n moment niet redelijk kunt zijn – al je energie wordt opgeslokt door de fysieke angstreactie. 'Het werkt dan veel beter om je lichaam een moeilijke taak te geven, bijvoorbeeld in achtjes lopen, hinkelen of een puzzel maken. Het brein kan maar één ding tegelijk, dus als het zich op een ingewikkelde opdracht moet concentreren, blijft er minder ruimte over voor paniek. Als je je lichaam wat te doen geeft, stopt het hyperventileren heel snel en keert de rust terug. Ben je weer rustig en lukt het je weer om redelijk na te denken, dan kun je een plan maken.'

Wanneer je ergens bang voor bent, heb je vaak een plaatje in je hoofd van het gevaar, vertelt Roanne. 'Iemand die bijvoorbeeld bang is om alleen in de natuur te slapen, kan een keer iets vervelends hebben meegemaakt of te veel enge films hebben gezien, waardoor er een soort visueel bewijs in zijn of haar hoofd is genesteld dat stelt: het is gevaarlijk. Dat hoeft helemaal geen grondig bewijs te zijn en kan dus ook een film zijn geweest, maar om ons gevoel ervan te overtuigen dat het níét eng is, hebben we heel veel tegenbewijs nodig.' Een goede manier om dat soort angsten die zich lichamelijk manifesteren – bijvoorbeeld hoogtevrees, angst voor spinnen of honden, angst om alleen in het bos te zijn of alleen te kamperen – te overwinnen, is om tegenbewijs te verzamelen.

Dat kunnen we volgens Roanne het beste doen op 'een vriendelijke manier'. Je angst negeren en meteen in je eentje op een afgelegen berg gaan slapen – of een Duitse herder op schoot nemen – is niet de beste methode. Als je op zo'n moment in paniek raakt, kan dat traumatisch zijn en dan groeit je angst alleen maar. 'Doe het in kleine stapjes. Ga eerst eens wildkamperen met een vriend of vriendin. Vervolgens kun je een keer alleen naar diezelfde plek teruggaan en daar een tijdje zijn, zonder er te slapen. De volgende stap is om er in je eentje te kamperen. Als je dat eenmaal hebt gedaan, zul je het al veel minder eng vinden om ook in je eentje ergens anders te kamperen. Het is belangrijk om pas naar de volgende stap te gaan als de vorige echt relaxed voelt en je denkt: ja, maar dít kan ik wel. Zo verzamel je bewijs voor je gevoel dat iets niet eng is en wordt je angst steeds minder heftig.'

Er is ook nog een verschil tussen rationele en irrationele angst. 'Als ik ga klimmen zonder touw en ik ben bang, dan is dat rationele angst, want ik ben echt in gevaar – als ik val, ben ik dood. Maar als ik gezekerd ben en ik rationeel gezien geen gevaar loop, kan ik nog steeds doodsbang zijn voor die leegte onder me. In beide gevallen kun je je afvragen of je het de moeite waard vindt om je angst te overwinnen. Wil je het risico nemen om een rationele angst te overwinnen en iets te doen wat echt gevaarlijk is? Is het je je leven waard? In het geval van irrationele angsten kun je je afvragen of je er wel genoeg uit haalt. Voor heel veel mensen is dat niet per se zo. Je beste vriendin kan duiken fantastisch vinden, maar als jij je claustrofobisch voelt zodra je onder water bent, kun je er natuurlijk ook voor kiezen om niet te gaan duiken. Tenzij je denkt dat je van duiken echt een gelukkiger mens wordt natuurlijk, dan moet je het zeker aangaan.'

Juist zeggen: 'Ik hoef dit geloof ik niet te doen van mezelf', kan ook heel dapper zijn, aldus Roanne. 'We kunnen zo streng zijn voor onszelf. *Choose your battles*, je hoeft echt niet al je angsten te overwinnen.

Sommige dingen vind ik doodeng en die hoef ik van mezelf niet te doen, omdat ik niet zie hoe het me verder gaat brengen in het leven. Beperkt je angst je vrijheid of weerhoudt het je ervan om de dingen te doen die je graag zou willen doen, dan is het de moeite waard om ermee aan de slag te gaan. Laat de rest lekker zitten.'

Soms zien we onszelf als een angsthaas omdat we een keer heel erg bang zijn geweest in een situatie die iemand anders helemaal niet eng vond. Vrouwen denken soms dat mannen veel stoerder zijn dan zij. 'Uit onderzoeken blijkt dat het vrouwenbrein waarschijnlijk iets stressgevoeliger is dan het mannenbrein. En generaliserend kun je zeggen dat mannen vaak van jongs af aan iets meer hebben geleerd om fysieke dingen uit te proberen, ook omdat ze niet voor elkaar willen onderdoen. Ze stoeien, gooien zichzelf van dingen af, nemen risico's. Meisjes doen dat over het algemeen minder. Meisjes proberen minder uit en oefenen daardoor minder met het gevoel van: oké, ik ga iets oncomfortabels doen. Mannen bouwen in hun jeugd vaak al meer zelfvertrouwen op met fysieke dingen. Bovendien reageren ze anders op angst: vrouwen zijn geneigd hun angst naar zelfkritiek te vertalen en zichzelf stom en niet stoer te vinden, bij mannen uit angst zich eerder in de vorm van frustratie of kwaadheid.'

Het beeld dat anderen minder bang zijn dan wij klopt vaak niet, aldus Roanne. Het is goed om te beseffen dat iedereen andere angsten heeft. 'Ik vind veel fysieke dingen eng, dat komt bij mij niet vanzelf. Als ik wil klimmen, moet ik mijn hoogtevrees overwinnen. Maar een presentatie geven vind ik weer helemaal niet eng, terwijl anderen daar juist heel zenuwachtig van worden. Zo hebben alle mensen dingen waarvoor ze heel bang zijn – honden, spinnen, vrienden maken – en dingen waarvoor ze juist niet bang zijn. Mensen die heel moedig lijken, bijvoorbeeld mensen die extreme sporten beoefenen, zijn op andere vlakken misschien wel veel minder stoer dan jij. Het zou zomaar kunnen dat zij sociaal contact heel eng vinden, terwijl jij daar geen enkele moeite mee hebt. Of dat jij die baan waarin je al heel lang niet meer gelukkig was hebt opgezegd, en zij dat nog altijd niet hebben gedurfd.'

Als je het idee hebt dat je een angstig persoon bent en je jezelf niet stoer vindt – en dat weerhoudt je ervan om op avontuur te gaan –, dan kan het helpen om eerst je zelfbeeld bij te stellen. 'Begin niet meteen met dat grote doel, die wandeling van zeven dagen waarbij je in je eentje buiten slaapt, maar stel een lijst op met stoere minidoeltjes: dingen die je spannend of ongemakkelijk vindt, waar je oncomfortabel of giechelig van wordt. Bijvoorbeeld hardop zingen op straat op een drukke plek, een proefles skateboarden, die oude vriendin bellen ondanks je schuldgevoel omdat je haar al twee jaar niet hebt gesproken, of de volgende keer dat je moeder belt eerlijk antwoorden op de vraag hoe het met je gaat. Als je elke week iets van dat lijstje doet, verras je jezelf wekelijks met dingen die je durft ondanks het feit dat je ze ongemakkelijk vindt. Zo verandert je zelfbeeld en wordt het makkelijker om dat ene grote ding ook te gaan doen.'

Nog een tip van Roanne: koop voordat je een wandeltocht gaat ondernemen die je spannend vindt iets voor jezelf waardoor je je stoerder voelt. 'Die net iets te dure rugzak, dat mooie gasstelletje, wandelstokken, wat dan ook. Alles wat je een cool gevoel geeft over jezelf is een goed idee als je iets spannends gaat doen.'[30]

Ten slotte is er nog iets wat je kunt doen om je stoerder en avontuurlijker te voelen: microavonturen organiseren, die je alleen kunt doen, met een vriend of vriendin of met je gezin. Het idee komt oorspronkelijk van de Britse schrijver en avonturier Alastair Humphreys, die het verzon als tegenhanger van 'als, dan'-gedachten: als ik meer geld had gehad, zou ik vaker avonturen beleven, of: als ik meer vakantiedagen had gehad, zou ik een leuker leven hebben. Iets nieuws en bijzonders beleven kan ook goedkoop en dicht bij huis, was zijn idee. Je hoeft alleen maar even uit de sleur te stappen en op een doordeweekse ochtend of avond op microavontuur te gaan. Pak 's avonds de trein naar het strand en blijf stiekem in de duinen slapen. Of sta eens extra vroeg op en neem voordat je naar je werk gaat een duik in een meer of rivier. Slaap een nacht onder de sterren op je balkon. Fiets 's avonds naar die camping tien minuten verderop en overnacht daar. Als je af en toe eens een microavontuur organiseert, ga je jezelf vanzelf zien als avontuurlijk.

Iemand die alles weet van voettochtvoorbereiding, veerkracht en mentale weerbaarheid is Shanna Bussink, die eerder al aan het woord kwam. Ze heeft een enorme liefde voor wandelen en trekt soms wekenlang de wildernis in, indien nodig zelfs met proviand voor ruim twee weken op haar rug. 'Dat is gigantisch zwaar, maar het is ook hoopvol hiken, want je weet dat je rugzak elke dag wat lichter wordt,' aldus Shanna. Om haar lichaam voor te bereiden op het dragen van al dat gewicht, loopt ze regelmatig met een gewichtsvest om door het centrum van Amsterdam. Ook al denken mensen soms dat het een bomvest is.

Uit al Shanna's interesses en opleidingen kwam haar bedrijf Rayu voort. Ze helpt mensen die graag een meerdaagse trektocht willen maken met hun voorbereiding, zowel beginners als gevorderden, of ze nu het Pieterpad op hun lijstje hebben staan of naar het Mount Everest Base Camp willen klimmen.

Dat mensen soms onvoorbereid op pad gaan en daardoor in dusdanig gevaarlijke situaties terechtkomen dat ze gered moeten worden, daar wordt de anders zo rustige Shanna fel van, dat is het vuur achter haar onderneming. 'Het loopt de laatste jaren echt de spuigaten uit. Op de Matterhorn, op de grens van Zwitserland en Italië, moet in het hoogseizoen soms wel 25 keer per dag een helikopter uitvliegen om mensen van de alp te halen. Het gaat om 1700 helikopterreddingsacties per jaar en zo'n vlucht kost al snel 10.000 euro.' Vaak betreft het zogenaamde *flip-flop hikers*, mensen zonder bergervaring die aan het eind van de middag nog even lekker een stukje gaan wandelen op hun slippers of gympies, in hun T-shirt, met een schoudertasje. 'Die mensen weten niet dat het weer in de bergen in no time kan omslaan. Dan gaat het regenen en bellen ze de reddingsdienst, alsof het een Uber is. Het probleem is dat ze het ook voor anderen verpesten. Bijvoorbeeld voor de wandelaar die achter hen loopt en die een jaar heeft getraind voor die trektocht naar de top, maar die nu achteloze mensen in nood moet helpen.'

Shanna denkt dat de mooie plaatjes op Instagram mede debet zijn aan het feit dat de cijfers van helikopterreddingsacties oplopen. 'Er is een absurde hoeveelheid plaatjes van meisjes die in minuscule kleding op een bergtop staan, wat misschien suggereert dat dat inderdaad een prima outfit is om een berg in te beklimmen. Maar die influencers worden gewoon ingevlogen, die zijn die berg echt niet zelf op gelopen.' Opvallend is dat mensen veel sneller in de problemen komen als ze een middagwandelingetje maken dan wanneer ze een meerdaagse voettocht ondernemen. 'We maken ons vaak zorgen om een lange trektocht, maar als er dan iets misgaat, hebben we een rugzak vol hulpmiddelen bij ons. Met een kaart, een gps, regenkleding, eten en drinken, een slaapzak, soms zelfs een tent. Het afgelopen jaar zijn er een paar keer mensen verdwaald in Nederlandse bossen, die moesten worden opgespoord. Het gaat meestal juist mis als mensen denken: ik maak even een kort ommetje en laat mijn jas thuis.'

Veel mensen hebben een romantisch beeld van het maken van trektochten, niet alleen door Instagram, maar ook door mooie boeken en films. Shanna denkt dat die romantiek schuilt in het gegeven dat de hoofdpersonen uitdagingen trotseren en tegenslagen overwinnen. Dus veel mensen weten wel dat er ook een gevaarlijke kant zit aan de natuur in trekken en dat tegenslagen op de loer liggen, maar beseffen niet wat er allemaal komt kijken bij een goede voorbereiding. En er bestaat een groep die dat juist wel beseft en die daardoor zo overweldigd is dat ze niet weten waar ze moeten beginnen. Die mensen zijn zo bang voor de eventuele tegenslagen dat ze niet op pad gaan, terwijl ze dat wel graag zouden willen.

'Mensen vinden mij vaak negatief, omdat ik bezig ben met mogelijke rampscenario's, maar ik ben gewoon realistisch,' aldus Shanna. '*Prepare for the worst, hope for the best.* Uiteraard hoop ik dat je ze nooit gaat beleven, maar weten wat je kunt doen in penibele situaties maakt dat je zelfverzekerder op pad gaat.' Dus als ze met een klant een voettocht voorbereidt, doet ze dat tot in detail. 'Het begint vaak met de fysieke voorbereiding. Mensen zijn op een trektocht veel actiever dan in hun dagelijks leven, dus het is van belang om te trainen. Als fitnesstrainer ben ik natuurlijk heel vertrouwd met dat fysieke aspect, maar ik vind het extra leuk als het over voettochtvoorbereiding gaat, want dan kan ik meedelen in de voorpret.'

Dan is er nog de praktische kant, bijvoorbeeld voeding, maar ook het slapen. 'Als ik mensen vraag of ze gewend zijn om op vreemde plekken te slapen, dan hebben ze daar vaak nog niet over nagedacht. Goed slapen is essentieel als je dagenlang gaat wandelen, dus hoe ga je ervoor zorgen dat je goed slaapt in je tentje of op die drukke slaapzaal?'

Ten slotte is er de mentale voorbereiding. 'Het is niet realistisch om te denken dat het alleen maar fantastisch is, in je eentje op pad zijn. Er gaat ergens tegenslag komen en als je daarop voorbereid bent, kom je er soepeler doorheen. Want wat als het al twee dagen regent, je tent lek is, de route langs doodsaaie weilanden voert, je blaren hebt en overal pijn, je continu honger hebt, en je moet nog twee weken?'

Shanna traint haar klanten dus ook op veerkracht en weerbaarheid. Er is een verschil tussen die twee eigenschappen. Beton is heel weerbaar, maar niet veerkrachtig, terwijl een elastiek veerkrachtig is, maar minder weerbaar. Veerkracht draait om hoe flexibel je bent wat betreft het omgaan met beproevingen en hoe snel je herstelt van tegenslagen. 'Er zijn tips en trucs om te leren je niet uit het veld te laten slaan en niet in paniek te raken als het misgaat.

Hoe sneller je herstelt van een tegenslag, hoe sneller je weer kunt genieten.' Weerbaarheid gaat meer over vertrouwen en zelfvertrouwen, over onafhankelijk zijn en de kennis hebben die je nodig hebt om ervoor te zorgen dat je veilig bent en blijft. Dat je de weg niet kwijtraakt, dat je weet wat je moet doen als je wordt lastiggevallen. 'Het is belangrijk dat je jezelf niet alleen fysiek maar ook verbaal kunt verweren. Bijvoorbeeld als er een man naast je komt lopen die je vertelt dat het echt geen goed idee is om alleen te lopen als vrouw en dat hij erop staat je te vergezellen. In zo'n geval hoef je je niet fysiek te verweren, maar je wilt natuurlijk wel dat hij je met rust laat zonder dat zo'n situatie escaleert.'

Om veerkracht te trainen, spreekt Shanna scenario's door: wat te doen als het weer omslaat, het kouder en natter is dan je dacht, je gasstelletje stukgaat, je een essentieel kledingstuk verliest... Een van de tips die ze tijdens trainingen geeft, is om op zo'n moment even stil te staan en de situatie in te schatten op een schaal van één tot tien. Hoe erg is het eigenlijk? Als het een vier of lager is, kun je door. Als het hoger is dan een vier, moet je om te beginnen even ontspannen, uitademen en focussen, zodat je niet in paniek raakt. 'Het klinkt meteen zweverig als ik zeg dat je in zo'n situatie goed in- en uit- moet ademen, maar ik kan eigenlijk niets nuchterders bedenken dan ademhalen. Onze ademhaling is gekoppeld aan ons paniekgevoel, denk maar aan hyperventilatie of tintelende vingers. Als je goed inademt en langer uitademt, kun je beter nadenken en even stilstaan bij de vraag: waar ben ik eigenlijk bang voor en hoe realistisch is dat? Het helpt ook om tegen jezelf te zeggen dat je bang mag zijn en dat er ongetwijfeld iets realistisch in je angst zit, maar dat die waarschijnlijk wel overtrokken is. Angst is niet altijd een slechte raadgever, soms juist een goede, dus je hoeft het niet weg te drukken, maar op basis van angst beslissingen nemen is onverstandig.'

De hoeveelheid pijn, vermoeidheid en angst die we ervaren is doorgaans namelijk groter dan realistisch is, omdat ons brein overbezorgd reageert. 'Het wacht niet tot het volledig misgaat voordat het de rem erop gooit en waarschuwingssignalen afgeeft, het wil dat je eerder actie onderneemt om erger te voorkomen,' legt Shanna uit. 'Dat is vergelijkbaar met trek hebben. We kunnen een maand zonder eten, maar het duurt geen maand voordat we honger krijgen, dat hongergevoel komt al op nadat we een paar uur niet hebben gegeten. Datzelfde gebeurt met pijn, vermoeidheid en angst – die staan niet gelijk aan schade. Ook al voelt het overweldigend, er is eigenlijk altijd ruimte om toch nog even door te zetten. Als de situatie een acht is op de schaal omdat je been eraf ligt, houdt het onderhandelen natuurlijk wel op, maar in minder ernstige situaties kun je een plan maken. Het helpt om met jezelf te onderhandelen in de wij-vorm. Als we in de ik-vorm praten zijn we eerder geneigd onszelf te bestraffen en dingen te zeggen als "ik mag me niet aanstellen", in de wij-vorm hebben we veel meer zelfcompassie.'

Paniek ontstaat bij een gebrek aan overzicht, en dus aan controle. 'Het is dus zaak die controle stap voor stap weer in handen te krijgen. Maak een takenlijstje voor jezelf en vink die taken een voor een af, dan wordt alles weer overzichtelijk en behapbaar.'

De adviezen die Shanna haar cursisten geeft, moest ze in de herfst van 2019 onverhoopt zelf in de praktijk brengen tijdens een solohike door de Canadese Rocky Mountains. Ze had gerekend op een temperatuur van rond de tien graden in het ruige, afgelegen berggebied waar ze doorheen trok, maar het weer sloeg volledig om en ze kwam in een meerdaagse sneeuwstorm terecht. 'Ik had een Nederlands referentiekader van sneeuw, dacht nog: dat komt wel goed, morgen kan ik gewoon verder. Maar als het in Canada sneeuwt, kan het binnen een minuut kniehoog liggen. Ik was goed voorbereid, maar belandde in een onvoorziene, extreme situatie. Zo had ik spikes mee voor het geval dat, maar de sneeuw was zo diep dat ik er weinig aan had – alleen sneeuwschoenen hadden geholpen.'

En als er één ding misgaat, gaat er vaak nog veel meer mis. Ook in Shanna's geval. Haar gasstelletje hield ermee op en hoewel ze weet hoe ze vuur moet maken, lukte dat amper omdat alles nat en bevroren was. 's Nachts bevroor haar tent aan de binnenkant, wat ertoe leidde dat ook haar broek bevroor, die daar op een hoopje naast haar matje lag. Ze kon hem 's ochtends niet eens aantrekken. 'Om de dagen door te komen bakende ik mijn taken minutieus af en voerde die vervolgens uit. Taak één, aankomen waar ik mijn tent wilde opzetten. Taak twee, tent opzetten. Taak drie, matje uitrollen. Taak vier, slaapzak uitrollen. Taak vijf, eten maken. Taak zes, in mijn logboek schrijven. Enzovoort. Door te doen wat ik moest doen om mezelf in leven te houden en daar volledig op te focussen, voorkwam ik dat ik werd afgeleid door paniekgedachten.'

Het hield niet op bij een sneeuwstorm, bevroren kleren, een kapot gasstelletje en onderkoeling, er ging nog iets mis: Shanna spoot zichzelf per ongeluk onder met *bear spray*. 'En dan word je dus een berenmagneet. Ik moest nog vijf dagen en de enige manier om uit die situatie te komen was doorlopen. Ik verkeerde continu in doodsangst, wist niet of ik levend terug zou keren naar Nederland of in een bodybag. Op een gegeven moment zei ik tegen mezelf: dit is de meest levensbedreigende situatie waarin je je ooit hebt bevonden. Als je van moedeloosheid wilt huilen of schreeuwen, dan is dat begrijpelijk, dus dat moet je dan doen, maar maximaal tien minuten. Daarna is het weer *back to business*.'

Shanna kwam zowel fysiek als mentaal gesloopt uit de Canadese wildernis terug. Ze besefte dat de angstige situatie waarin ze dagenlang had verkeerd een traumatische impact kon hebben, dus nam ze zich voor erover te blijven praten met wie maar wilde luisteren. Maar terwijl ze nog aan het herstellen was van de uitputtingsslag, begon ze al na te denken over een soortgelijke trail in hetzelfde gebied in Canada. ‘Ik ga volgend jaar terug, denk ik, die andere route doen,’ zei ze tegen vrienden. Die reageerden verbijsterd: ‘Ben je niet goed of zo?’ Shanna vermoedt dat misschien hetzelfde psychische mechanisme in werking trad als bij vrouwen die zijn bevallen. ‘Die zeggen in het kraambed ook altijd: dit nooit weer. Maar een paar jaar later is er dan toch een tweede. We zijn als mens in staat ook op moeilijke momenten schoonheid te zien en we zijn ons bewust van het feit dat nare ervaringen overkomelijk zijn.’

Bovendien: solotrektochten zijn Shanna op het lijf geschreven, dat weet ze. ‘Ik ben vrij rationeel en rustig, ik denk veel na, ik ben heel goed in alleen-zijn en ik ben fit. Ik heb mijn spullen op orde en ik heb de tijd genomen om mezelf te scholen, ik heb meerdere relevante opleidingen en cursussen gevolgd. Ik weet hoe je vuur moet maken en knopen moet leggen, ik weet wat ik moet doen in survivalsituaties. Mijn eerste solohike deed ik veilig in Portugal, waar je de taal kunt lezen, je telefoon het doet. Dat was toen spannend genoeg, maar ook veilig genoeg. Vanuit dat vertrekpunt ben ik steeds een stapje verder gegaan. Ik heb in Canada voordat ik aan de trektocht begon nog een opleiding gedaan van achttien dagen, speciaal gericht op hiken in Canada, omdat ik niet naïef wilde zijn met al die beren daar. Het was gewoon pech, die sneeuwstorm, het had iedereen kunnen overkomen. Ik weet dat ik niets verkeerd heb gedaan. Vroeger was ik ontzettend hard voor mezelf en daar knapte ik niet echt van op. Zelfcompassie is heel belangrijk, zeker als je in moeilijke omstandigheden terechtkomt. Bovendien: als je niet het risico wilt lopen in zulke situaties terecht te komen, moet je niet dit soort trektochten uitzoeken. Het Pieterpad is ook heel mooi.'

Het fijnste aan haar lange trektochten vindt Shanna dat ze de ultieme combinatie bieden van structuur en afwisseling. Van elke dag weer dezelfde, haast rituele handelingen uitvoeren, maar binnen de structuur van die handelingen altijd weer een ander landschap en veranderende flora en fauna zien en elke dag iets nieuws beleven. Het biedt rust en het prikkelt tegelijk en daar krijgt ze een enorme levenslust en heel veel energie van. 'Hoewel ik tijdens die solohike door Canada aan het ploeteren was en het fysiek en mentaal loodzwaar was, wist ik: als ik hier levend uit kom en ik lig straks weer warm en droog in mijn bedje in Nederland, denk ik: wauw, wat gaaf. Tegenslagen zijn rot, maar wat is het bijzonder om in dit uitgestrekte gebied te lopen, door deze onbevattelijke wildernis, waar ik dagenlang kan schreeuwen wat ik wil zonder dat iemand me hoort. Wat bijzonder om hier te lopen en dit te mogen zien en meemaken.'

De trektochten die Shanna onderneemt, zijn voor veel wandelaars (inclusief mijzelf) te extreem. Ik bewonder haar enorm om haar toewijding, kracht en moed, maar ik voel het verlangen niet om mijzelf op dezelfde wijze op de proef te stellen in de wildernis. En daarom zal ik ook nooit voldoende motivatie kunnen opbrengen om voor zo'n zware tocht te trainen.

Mensen die hun leven wagen, schrikken mij vaak een beetje af. Ik herinner me dat ik ooit een date had met een man en dat ik hem heel leuk vond, totdat hij vertelde dat hij tijdens een vakantie in Oost-Europa met een paar vrienden onvoorbereid het bos in was gelopen en dagenlang verdwaald was. Het was waarschijnlijk bedoeld als een stoer verhaal, maar het had het tegenovergestelde effect: ik was niet onder de indruk, maar op hem afgeknapt.

Hoewel ook Shanna een risico nam door die zware tocht door de Rocky Mountains af te leggen, vind ik haar verhaal eerder inspirerend dan afschrikwekkend. Omdat zij het tegenovergestelde uitdraagt van Pippi Langkous' citaat 'Ik heb het nog nooit gedaan dus ik denk dat ik het wel kan.' De hikes van Shanna staan mijlenver af van mijn wandelingen door de heuvels, maar als ik haar verhaal hoor, denk ik: Shanna is ooit begonnen waar ik nu ben en heeft door veel te trainen inmiddels een veel hoger niveau bereikt van dit spel. Stap voor stap heeft ze haar grenzen verlegd en haar fysieke capaciteiten en kennis vergroot, en als ik in haar voetsporen zou treden, dezelfde toewijding zou hebben als zij, zou ook ik uiteindelijk het niveau kunnen bereiken waarop zij speelt.

We hoeven niet binnen een halfjaar van level één (een wandelingetje door de buurt) naar level tien (een maandenlange trektocht door onherbergzaam gebied). We hoeven dat hoogste niveau zelfs nooit te bereiken, en ook het derde niet, als we dat niet comfortabel vinden of als het ons geen plezier oplevert. Maar het idee dat dit spel verschillende levels heeft en dat we het hoogste zouden kunnen bereiken als we dat echt zouden willen en ervoor zouden trainen, zowel mentaal als fysiek, dat we het als mens in ons hebben, kan heel prettig zijn op het moment dat we als beginnende solowandelaar angsten moeten overwinnen om daar te komen waar we willen zijn.

BEVRIJD

Een korte wandeling tijdens je lunchpauze kan al een gevoel van vrijheid geven: achter het bureau vandaan stappen, de deur achter je dichttrekken en de dagelijkse beslommeringen letterlijk even laten liggen. 'Tijdens mijn middagwandeling vergeet ik graag al mijn bezigheden van die ochtend en mijn verplichtingen tegenover de Samenleving,' schrijft Henry David Thoreau in zijn essay 'Walking' uit 1862. 'Maar soms kan ik het dorp niet zo gemakkelijk van me afschudden. De gedachte aan iets van werk blijft door mijn hoofd spoken en ik ben niet waar mijn lichaam is – ik ben letterlijk *out of my senses*. Tijdens mijn wandelingen wil ik graag naar mijn zintuigen terugkeren. Wat heb ik te zoeken in het bos als ik denk aan iets buiten het bos?'[31] Eerder beschreef hij in *Walden* hoe hij zich op zo'n moment idealiter voelt: 'Dit is een heerlijke avond waarop het hele lichaam één zintuig is en door elke porie verrukking opneemt. Met een vreemd gevoel van Vrijheid ga ik door de Natuur en maak ik er deel van uit.'[32]

Heel even ontsnappen aan alles wat nog moet

door de benen in beweging te laten komen, als tegenwicht voor het drukke hoofd, Gros noemt het 'de vrijheid van de time-out'.[33] Zoals Thoreau zo mooi verwoordt is het niet altijd even makkelijk om dat waarvan je wegloopt niet alsnog mee te torsen in je hoofd. Maar hoe langer je blijft lopen, hoe groter de afstand tot dagelijkse zorgen en beslommeringen wordt, zowel mentaal als fysiek. Je laat ze letterlijk steeds verder achter je, waardoor het ook makkelijker wordt om terug te keren naar je zintuigen en te zijn waar je lichaam is – of zelfs je lichaam te ervaren als één zintuig, zoals Thoreau.

Wandelen brengt ons terug naar wat essentieel en fundamenteel is en verlost ons van de ruis. Het maakt onze wereld tegelijkertijd kleiner en groter. Omdat er in de natuur minder prikkels zijn die stressreacties veroorzaken – geen verkeersdrukte, sirenes en claxons, schreeuwerige reclames, flitsende beelden – zien we meer. En mocht er toch iets gebeuren waarvan we schrikken, dan is het in de natuur makkelijker om van die stress te herstellen dan in de stad. In haar boek *The Nature Fix* (2017) schrijft de Amerikaanse journaliste Florence Williams over dat herstelvermogen: 'Wellicht is dat wat we zijn kwijtgeraakt door onze band met de nachtelijke hemel, de frisse lucht en het gezelschap van zingende vogels te verbreken. Als je op een modderig pad stapt of in een stromende rivier, is het niet moeilijk om de aantrekkingskracht te voelen van een geaarde werkelijkheid.'[34]

In de stad komt alles met een onbevattelijke snelheid op ons af en raast het verkeer om ons heen, wat ons haast blind en doof maakt. We proberen er vaak zo snel mogelijk van A naar B te komen. Een wandeling door de natuur nodigt uit om eindeloos te vertragen.

Op een zaterdagochtend in juni daalde ik af naar de Roverno, de rivier die vlak langs mijn dorp stroomt. Vroeger begaven de vrouwen van het dorp zich op maandagochtend bergafwaarts om in de Roverno hun lakens en kleding te wassen. Vervolgens liepen ze met dat zware, natte wasgoed de steile heuvel weer op. Ik kon, eenmaal bij de Roverno aangekomen, even helemaal niets doen. Er is een uitnodigende open plek naast de rivier, met meerdere picknicktafels, maar ik ben er nog nooit een ander mens tegengekomen.

Ik ging op een rots naast de rivier zitten en hoe langer ik daar zat, hoe meer ik zag. In een poeltje – het water stond door de droogteperiode laag – zwommen vissen. Eén vis was veel groter dan de rest, een andere had spikkels in plaats van strepen. Een spinnetje in een plant naast mij was druk bezig een prooi te omwikkelen. Een rode kever zat iets verderop vast in een draad van diezelfde spin en probeerde zich los te wrikken. Een felgele tor landde voor mijn neus op de stenen, met een zware plof, en twee enorme mieren kwamen er direct op af. Opeens kwam dat besef: hoe trager we ons voortbewegen, hoe meer we zien. Maar onze ogen gaan pas echt open als we stilhouden, op dezelfde plek blijven.

Tijdens de klim terug naar het dorp realiseerde ik me nog iets. Onlangs had ik een online meditatiecursus gevolgd, maar het was me in die 21 dagen niet één keer gelukt om me echt volledig te focussen op wat die boeddhist in mijn oortelefoontjes zei. Ik was er ook niet in geslaagd om tijdens de vijf minuten dat hij zijn mond hield zodat ik kon mediteren mijn hoofd leeg te maken en alleen maar de mantra te herhalen. De man die de opname in had gesproken was voor mij gewoon een zoveelste stem die me ervan probeerde te overtuigen dat zijn blik op de wereld de beste was. Hij bracht geen leegte en focus, maar vulde mijn hoofd juist met nieuwe gedachten, die ik enigszins kritisch in beschouwing nam. Kortom, het was geen onverdeeld succes. Maar zojuist had ik zeker een halfuur aan niets anders gedacht dan aan wat ik voor me zag. Ik had minutenlang naar een spinnetje gekeken zonder daar iets bij te denken. Ik had op een rots gezeten en eindeloos in het water getuurd, waar vissen wat heen en weer zwommen. Ik had niet eens de intentie gehad om te mediteren, maar was dat niet precies wat ik daar bij het riviertje had gedaan?

Als Stevenson in 'Walking Tours' schrijft dat een lange voetreis alleen moet worden gemaakt omdat de vrijheid die je dan hebt essentieel is, refereert hij aan de vrijheid om te stoppen, van richting te veranderen en in je eigen tempo te lopen. Dat hangt samen met het allereerste punt dat Gros maakt in *Wandelen*: wandelen is geen sport, maar juist de ideale manier om te vertragen. Het enige wat je ervoor nodig hebt, zijn twee benen. Als je sneller wilt, moet je een ander vervoermiddel kiezen. 'En als je wandelt, is er maar één ding dat telt: de intensiteit van de hemel of de schittering van het landschap.'[35]

De vrijheid om te kunnen vertragen wanneer je wilt, is dus essentieel om van de wandeling te genieten. Daarom kan het een nadeel zijn om van tevoren je accommodatie te boeken, of om met iemand anders op pad te zijn, die er misschien op gebrand is om binnen een bepaalde tijd een bestemming te bereiken. Niet kunnen vertragen zonder te overleggen vreet aan de vrijheid. In *Reis met een ezel door de Cevennen* neemt Stevenson een speciaal voor hem gemaakte waterdichte slaapzak mee, ondanks dat hij van plan is in herbergen te overnachten, 'want er is niets schadelijker voor de gemoedsrust dan de noodzaak om rond schemering een onderkomen te bereiken.'[36]

Raynor Winn schrijft in *The Salt Path* dat hoewel andere wandelaars op het South West Coast Path spraken over het aantal mijlen dat ze per dag aflegden, hun records en doelen, zij en haar man juist steeds langzamer aan deden:

> Het kan dat uur zijn geweest dat we doorbrachten met het bestuderen van de zeld-

zame herfstschroeforchis, of die middag dat we probeerden één vlinder te fotograferen, of de avond dat we over de Kynance Cliffs hingen om naar de zeehonden in het baaitje beneden te kijken, maar toen het donker werd realiseerden we ons dat we waarschijnlijk maar drie mijl hadden afgelegd, dus zetten we de tent op om de hoek van waar we die hadden afgebroken.[37]

In een wereld waarin alles om versnellen draait, kan vertragen een enorme bevrijding zijn. Maar wandelen verlost ons niet alleen van ruis, haast en verdoofde zintuigen. Omdat we niet meer kunnen meenemen dan onze eigen rug kan dragen, komen we ook los van het materiële, van bezittingen. Dat meetorsen van een zware rugzak kan een beperking van vrijheid lijken, maar dat alles wat we nodig hebben om te overleven in een rugzak past en dus draagbaar is, maakt ons juist volkomen vrij en onafhankelijk.

Bovendien wordt het leven er erg overzichtelijk van, omdat de beperkte ruimte ons ook beperkt in onze keuzes. Wat we eten en drinken, wat we aantrekken, waar we overnachten… het hangt af van de inhoud van onze rugzak en dat betekent dat er niet meer zoveel te kiezen valt. Ook op het gebied van transport en communicatie zijn de mogelijkheden nogal beperkt. Voor Gros zijn juist die beperkingen de bron van wandelgeluk: '… ik zit niet meer gevangen in het web van constante uitwisselingen, ben niet langer meer een kleine knoop in het netwerk dat informatie, beelden en producten verspreidt; ik realiseer me dat al die dingen alleen maar realiteit en belang bezitten als ik ze die verleen. [...] Dan is vrijheid een hap brood, een slok koud water, een weids landschap.'

Even niet bereikbaar zijn omdat je je batterij wilt sparen voor noodgevallen, verstoken blijven van nieuws, niet naar de supermarkt hoeven om daar een keuze te moeten maken tussen precies hetzelfde product in twintig verschillende verpakkingen, niet na hoeven denken over wat je die avond gaat eten omdat er maar drie gevriesdroogde maaltijden in je rugzak zitten: een verademing. Geen beperking, maar juist vrijheid.

Shanna Bussink vertelde me dat ze soms na een trektocht, waarin ze wekenlang in dezelfde kleding loopt, een gevoel van verlamming voelt als ze haar kledingkast opentrekt en daar tien verschillende jurkjes in ziet hangen. 'Ik krijg er acute keuzestress van. Ik heb na thuiskomst van een trektocht een keer twee weken lang in dezelfde broek gelopen.'

In onze overprikkelde samenleving, die is doorspekt met reclameboodschappen, ervaren veel mensen versimpeling als een bevrijding. Opruimgoeroe Marie Kondo heeft miljoenen volgelingen, jongeren dromen van een tiny house zonder hypotheek in plaats van een villa, minimalisme en duurzaamheid zijn de hedendaagse antwoorden op consumentisme en verspilling. Het lijkt steeds meer tot ons door te dringen: eenvoud geeft rust en ruimte. De enorme vrijheid die die eenvoud oplevert, kunnen we ervaren tijdens trektochten, als de natuur ons thuis wordt. Winn schrijft in *The Salt Path*: 'Er was nog slechts één werkelijkheid, die nu werkelijker was dan het verleden dat we waren kwijtgeraakt of de toekomst die we niet hadden: als ik één voet voor de andere zette, zou het pad me vooruitbrengen en een strook aarde, vaak niet meer dan dertig centimeter breed, was thuis geworden.'[38] De voorwaartse beweging in het hier en nu doet ons de pijn van verliezen uit het verleden en zorgen om de toekomst even vergeten, omdat ze op dat moment niet belangrijk zijn.

Ook Strayed benoemt in *Wild* de vertrouwdheid die is ontstaan met de natuur waarin zij zich bevindt, zelfs op de plekken waar ze nooit eerder is geweest. Ze koppelt dat aan de eenzaamheid die ze tijdens haar voettocht heeft ervaren. Was alleen-zijn voor haar eerst 'een echte plek [...], alsof het geen staat van zijn was, maar een kamer waarin ik me kon terugtrekken om helemaal mezelf te zijn,' sinds haar trektocht is 'alleen zijn [...] niet langer een ruimte, maar de hele wereld':

> En nu was ik alleen in die wereld, waarin ik mijn plaats innam als nooit tevoren. Zo vrij als een vogeltje leven zonder zelfs maar een dak boven mijn hoofd, had de wereld tegelijkertijd groter en kleiner gemaakt. Tot nu

> toe had ik de uitgestrektheid van de wereld niet goed beseft. Ik had niet eens geweten hoe lang een kilometer eigenlijk was, totdat ik elke kilometer te voet moest afleggen. Tegelijkertijd bestond het tegengestelde, een mysterieuze intimiteit tussen mij en het pad. De dennenbomen en leeuwenbekjes waar ik die ochtend langs was gelopen, de ondiepe stroompjes die ik was overgestoken: alles had iets vertrouwds.[39]

Hetzelfde idee van het pad door de natuur als een thuis komt ook terug bij Stevenson. Het mooiste, meest lyrische deel van Stevensons verhaal is het hoofdstuk 'Een nacht tussen de pijnbomen', waarin hij een van zijn overnachtingen in een slaapzak onder de blote hemel beschrijft: 'Wat een soort tijdelijke dood lijkt voor mensen die verstikken tussen muren en gordijnen, is slechts een lichte en levende sluimering voor de man die te velde slaapt.'[40] Iets verderop vergelijkt hij zijn open plek in het bos met een kamer:

> Een zwakke wind, meer een golvende koelte dan een stroom lucht, trok af en toe over de open plek zodat de lucht in mijn grote kamer zelfs de hele nacht werd ververst. Ik dacht met afschuw aan de herberg in Chasseradès en de verzameling nachtmutsen, met afschuw aan de nachtelijke moed van

> klerken en studenten, aan bloedhete theaters en huissleutels en benauwde kamers. Ik had nog niet vaak van zo'n serene zelfbeheersing genoten, noch heb ik me ooit onafhankelijker van materiële zaken gevoeld. De buitenwereld, waar we in onze huizen voor terugdeinzen, bleek per slot van rekening een aangename, bewoonbare plek te zijn; en nacht na nacht lag het bed van de mens, zo leek het, op hem te wachten in de velden waar God open huis houdt.[41]

Die nieuwe of wellicht hernieuwde vertrouwdheid met de natuur blijkt ook uit de passages over wildplassen en wildpoepen in dat open huis, die in veel verhalen over wandeltochten terugkeren, vooral in de verhalen die zijn geschreven door vrouwen. Het heeft mij altijd verbaasd dat er in Nederland voor mannen veel meer openbare toiletfaciliteiten zijn dan voor vrouwen. Het feit dat mannen redelijk discreet in het openbaar kunnen plassen betekent kennelijk dat ze dat ook makkelijker doen, waardoor er faciliteiten worden gecreëerd om te voorkomen dat anderen er last van hebben. Er zijn minder openbare toiletfaciliteiten die ook geschikt zijn voor vrouwen, simpelweg omdat vrouwen hun plas liever ophouden dan zich in het openbaar te ontbloten en de straat te bevuilen.

Ik ben overigens niet de enige die zich daarover opwindt. In mei 2015 kreeg een jonge vrouw in Amsterdam een boete van 140 euro voor wildplassen. Na het uitgaan, toen alle kroegen al dicht waren, moest ze zo nodig dat ze het niet meer kon ophouden, dus plaste ze tussen twee gebouwen in. Een andere optie dan wildplassen had ze niet, blijkt uit een artikel over de zaak in *Het Parool*: 'Voor mannen staan overal in de stad piskrullen, terwijl vrouwen het maar moeten uitzoeken met een volle blaas. Er zijn vijfendertig urinoirs tegenover drie openbare toiletten voor vrouwen.' De vrouw spande een rechtszaak aan, met als inzet dat vrouwen evenveel recht hebben op een openbaar toilet als mannen. De rechter toonde weinig begrip. Volgens hem plassen vrouwen niet of nauwelijks wild – 'Ik ben in mijn hele carrière maar één keer eerder een vrouw tegengekomen in zo'n zaak' – en hoeven er dus geen faciliteiten voor te komen. De vrouw had gewoon in een piskrul kunnen plassen, meende de rechter. Een bizar argument, want zo'n piskrul is van onderen open. In een steeg had de vrouw meer privacy dan ze in een openbaar toilet voor mannen zou hebben gehad. Ze concludeerde: 'Mannen worden beloond met urinoirs omdat ze wildplassen.'[42]

Die rechter, die meent dat vrouwen niet of nauwelijks wildplassen, leeft vermoedelijk in de veronderstelling dat vrouwen een soort bovennatuurlijke wezens zijn die hun plas tot in het oneindige kunnen ophouden. Wat niet zo is. Natuurlijk plassen vrouwen wild, juist omdat er een enorm gebrek aan faciliteiten is, alleen weten ze zich doorgaans veel beter te verstoppen, omdat dat de enige manier is om het discreet te doen.

Wildplassen (en wildpoepen in nog extremere mate) vormt een bevrijding van alle maatschappelijke normen die vrouwen vertellen wat hun plek is, van de schaamte die rust op het ontbloten van hun lichaam in het openbaar en de verwachting dat vrouwen zich inhouden en zich conform sociale normen gedragen alsof hun lichaam slechts een esthetische functie heeft. Het is alsof ze zich hun lichaam opnieuw volledig eigen maken als ze alleen in de natuur zijn.

Een wandeling kan op bescheiden schaal helend zijn, zo concludeert Ton Lemaire in *Met lichte tred*, omdat de wandelaar zich 'tijdelijk kan bevrijden van meerdere onaangename kanten van het dagelijkse leven in onze samenleving, zoals drukte, lawaai, haast, vervuiling. In zoverre kan de wandeling fungeren als een tijdelijke opschorting van onze turbulente en misschien bezeten wereld, waarin men kan herstellen van wat in het gewone leven ontbreekt.'[43]

Op een trektocht doen we overigens niet alleen tijdelijk afstand van die voortjakkerende wereld, materiële zaken en sociale normen. Volgens Gros laten we ook onze identiteit even los, wie of wat we denken te moeten zijn. 'De vrijheid tijdens het wandelen is dat je niemand bent, omdat het lichaam dat wandelt geen geschiedenis bezit, alleen een oeroude levensstroom.'[44]

EEN VROUW IN HET WILD

> Vrouwen zijn met vaste regelmaat bestraft en geïntimideerd omdat ze gebruik wilden maken van de simpelste vrijheid die er is, namelijk een eindje gaan wandelen, omdat hun wandelen, ja hun hele wezen in een maatschappij die zich druk maakte om het beteugelen van de vrouwelijke seksualiteit, als onvermijdelijk en aldoor als seksueel bestempeld werd. [...] Wettelijke maatregelen, sociale mores die zowel door mannen als door vrouwen aangehangen worden, de dreiging die schuilt in seksuele intimidatie, en verkrachting zelf, hebben allemaal het vermogen van vrouwen om te wandelen waar en wanneer ze dat wilden aan banden gelegd.[45]

Aldus Rebecca Solnit in *Wanderlust*. De openbare ruimte is eeuwenlang het terrein geweest van de man, het huis het terrein van de vrouw. Het balkon was de letterlijke overbrugging tussen die twee werelden, bij uitstek het symbool van een ontmoetingsplek tussen de man op straat en de vrouw in het huis – kijk maar naar *Romeo en Julia*. Het lijkt soms alsof we sinds de middeleeuwse en renaissancistische maatschappij waarin deze denkbeelden golden nog maar weinig zijn opgeschoten. Het idee dat vrouwen die zich op het publieke terrein begeven zich daarmee automatisch tot publiek bezit maken, is helaas nog altijd springlevend, niet alleen binnen bepaalde landen en culturen, maar ook in sommige zieke mannenbreinen.

Hoewel mannen vaker slachtoffer zijn van geweldsdelicten dan vrouwen, rapporteren vrouwen ruim twee keer zo vaak slachtoffer te zijn geweest van een seksueel delict.[46] Ik ken maar weinig vrouwen die nog nooit te maken hebben gehad met een vorm van seksuele intimidatie of erger. Iedere vrouw is alleen op straat wel eens bang geweest. Er bestaan zoveel verhalen over meisjes die in het donker alleen naar huis fietsen en daar nooit aankomen dat we al van jongs af aan de boodschap meekrijgen dat het publieke terrein voor ons geslacht gevaarlijk is. Als tiener brulde ik 'I'm Just a Girl' van No Doubt mee, want daar zat alle woede en verontwaardiging in die ik ook voelde: *The moment that I step outside / So many reasons for me to run and hide / I can't do the little things I hold so dear / 'Cause it's all those little things that I fear.**

---

* Lichamelijk en seksueel geweld beperkt zich uiteraard niet tot de straat. De meest voorkomende vorm van geweld tegen vrouwen is huiselijk geweld.

Toen ik een jaar of twaalf was, deed ik al een cursus zelfverdediging om me in de publieke ruimte te leren wapenen tegen het potentieel gevaarlijke andere geslacht. Ik leerde waar ik een aanvaller moest raken (stamp op zijn tenen als hij je vasthoudt en geef hem indien mogelijk een knietje) en hoe ik moest handelen als ik in een auto werd meegenomen (zeg dat je naar de wc moet en plas desnoods in je broek). Helaas kwam die aanvaller bijna twee decennia later ook echt en slaagde hij erin me mee te nemen naar een afgelegen plek. Gelukkig bleek mijn instinctieve reactie niet bevriezen of vluchten te zijn, maar vechten, en dat ontmoedigde hem. Fysiek kwam ik ervan af met schrammen en blauwe plekken. De mentale schade was veel groter: PTSS, waardoor ik maandenlang niet kon werken, en een jarenlang gevecht om weer in mijn eentje in het donker over straat te durven (dus in de winter ook om vijf uur 's middags). Die aantasting van mijn gevoel van veiligheid in de openbare ruimte is het ergste en ingrijpendste geweest dat iemand me ooit heeft aangedaan. En zoals een wijze vriendin toen tegen me zei: 'Je kunt waarschijnlijk pas weer normaal leven op het moment dat je accepteert dat het nog een keer kan gebeuren.'

Hoe deprimerend.

Hoewel er ook in het verleden vrouwelijke wandelaars zijn geweest die over hun avonturen schreven, is tot voor kort vooral het werk van mannelijke auteurs uitgegeven en opgenomen in de literaire canon. In dat werk worden wel lopende vrouwen besproken, maar volgens Solnit is hun wandelen 'vaak opgevat als performance en niet als vervoer, met de implicatie dat vrouwen niet wandelen om te kijken, maar om bekeken te worden, niet voor hun eigen ervaring maar om die van een mannelijk publiek, wat betekent dat ze vragen om welke aandacht ze ook maar trekken.'[47] De mannelijke wandelaars die wel werden uitgegeven en die zijn opgenomen in de canon schrijven, als ze het over wandelende vrouwen hebben, bijna uitsluitend over hóé die vrouwen lopen, bij wijze van 'erotische taxatie'.

Voor vrouwen kan de openbare ruimte een plek zijn waar ze staande worden gehouden, aangestaard, erotisch getaxeerd, nagefloten, achtervolgd of erger. Solnit: 'De angst voor verkrachting duwt veel vrouwen terug op hun plek – binnenshuis, geïntimideerd, opnieuw afhankelijk van materiële barrières en beschermers eerder dan van hun eigen wil om hun seksualiteit te bewaken.' In een bespreking van *Wanderlust* voor *Vrij Nederland* schrijft journalist Lisa Bouyeure:

> Zelf wandel ik vrijwel dagelijks solo, maar alleen waar het niet al te rustig is. Ik heb oortelefoontjes in om naroepers beleefd te kunnen negeren, denk na over mijn kleding en zet mijn muziek of podcast even uit als ik de stappen van iemand achter me in de ga-

ten wil houden. Pas met gezelschap ga ik zo diep het bos in dat niemand je hoort als je schreeuwt.[48]

Vrouwen treffen niet alleen voorzorgsmaatregelen voor als het misgaat (niet te ver het bos in gaan), maar proberen ook te voorkomen dat hun simpele aanwezigheid wordt opgevat als seksuele uitnodiging. Zo zet ik graag een capuchon op als ik 's avonds alleen over straat ga, om mijn haren te bedekken, in de hoop dat ik van achter gezien een man lijk. 'Omdat ik zoveel roofdieren tegen was gekomen leerde ik denken als een prooi,' schrijft Solnit. Dat geldt ongetwijfeld voor veel vrouwen. Het is zelfs wat we heel jonge meisjes leren op het moment dat we ze een zelfverdedigingscursus laten doen en we ze vertellen dat ze na het uitgaan niet alleen naar huis mogen fietsen.

Solnit komt tot de conclusie dat de angst dat hun wandeling als een seksuele activiteit wordt gezien ertoe heeft geleid dat vrouwen zich (onbewust) zijn gaan verenigen in wandelclubs. Ze melden zich enthousiast aan voor pelgrimstochten, processies en protestmarsen, 'deels omdat in een al gedefinieerde activiteit het minder waarschijnlijk is dat hun aanwezigheid gezien wordt als een seksuele invitatie, en deels omdat metgezellen de beste garantie zijn geweest voor de veiligheid van vrouwen in de openbare ruimte'.[49]

En dat is zonde, want volgens Solnit heeft in je

eentje wandelen 'een enorme spirituele, culturele en politieke resonantie'. Het leidde tot meditatie, gebed en religieus onderzoek, was een manier om te peinzen en te componeren. 'Het heeft schrijvers, kunstenaars, politieke theoretici en anderen voorzien van de ontmoetingen en ervaringen die inspirerend waren voor hun werk [...] en het is onmogelijk te zeggen wat er van deze grote mannelijke geesten geworden zou zijn als ze niet hadden kunnen gaan en staan waar ze wilden in de wereld.' Dat wandelen ook een culturele handeling is en een cruciale manier van in de wereld zijn, betekent dat 'degenen die niet in staat zijn geweest zo ver te gaan als hun voeten hen wilden dragen niet alleen de lichamelijke oefening of ontspanning [is] ontzegd, maar bovendien een gigantisch deel van hun mens-zijn.'[50]

Als het om alleen wandelen en veiligheid gaat, geldt er een bizarre paradox. Aan de ene kant maakt een grote hoeveelheid voetgangers de publieke ruimte veiliger. De hoeveelheid mensen die op de been is en uiteraard het zicht dat daglicht biedt, maakt dat overdag door de stad wandelen veiliger is dan 's nachts. Daaruit zou kunnen voortvloeien dat alleen in natuurgebieden wandelen gevaarlijk is omdat er vrijwel niemand anders is. Maar in afgelegen gebieden kan juist de afwezigheid van andere mensen een veilig gevoel geven. Zoals Gemma Venhuizen het verwoordt: 'Juist ver weg in de bergen voel ik me relatief veilig als vrouw alleen. De meeste criminelen maken toch hun werkterrein van de stad. Een verkrachter of moordenaar moet wel gek zijn om in zo'n afgelegen gebied waar nooit iemand komt op een slachtoffer te gaan wachten. Als ik ergens veilig ben, dan is het hier, denk ik altijd.'

Het nadeel is uiteraard dat áls je die kwaadwillende man toch tegenkomt, je geen hulp van anderen kunt verwachten. In een passage in *Wild* komt deze paradox mooi naar voren. Strayed dwaalt van de Pacific Crest Trail af omdat haar eten op is. Ze loopt over een doodstil weggetje en passeert twee verlaten tractoren. Eerst beschrijft ze 'een staat van verwondering over de schoonheid en de stilte', maar die slaat om in beklemming als ze urenlang niemand tegenkomt. 'Ik had het gevoel dat ik in een sciencefictionfilm speelde en de enig overgebleven mens op aarde was. Voor het eerst tijdens mijn reis welden de tranen in me op.' Als ze uiteindelijk drie mannen tegenkomt, voelt ze eerst een overweldigende opluchting. 'Maar toch werd ik vervuld van de lastige wetenschap dat ik niet langer de enige ster was in een film over een planeet zonder mensen. Ik was een totaal andere film binnengelopen, als de enige vrouw met drie mannen van wie ik de bedoelingen, het karakter en de achtergrond niet kende en die me vanuit de schaduw van een gele pick-up aanstaarden.'[51]

Het gaat goed bij Strayed en later in het boek loopt een dreigende situatie met een opdringerige man nogmaals goed af, al is dat op het nippertje. Dat is ook gelijk de grootste bron van hoop: dat het meestal goed gaat. Sterker nog, ik heb op mijn reizen heel vaak ervaren dat ik juist omdat ik een alleenreizende vrouw was werd geholpen, verzorgd en beschermd. In Thailand zat ik eens in een voortkruipende trein, die op een gegeven moment zelfs letterlijk achteruitreed omdat de conducteur een station voorbij was gereden. Het was een eindeloze reis en toen de man van de catering zag dat ik zo ver moest reizen, besloot hij me na kort overleg met een collega spontaan een warme maaltijd cadeau te doen. In Colombia moest ik tijdens een busreis een keer overstappen op een chaotisch busstation in the middle of nowhere. De jongen die naast me had gezeten besloot spontaan ook uit te stappen om ervoor te zorgen dat ik in de juiste bus terechtkwam en de chauffeur duidelijk te maken waar hij me moest afzetten. Zowel mannen als vrouwen zijn doorgaans juist extra lief voor alleenreizende vrouwen.

De angst die soms bij solowandelende vrouwen opkomt als ze een man tegenkomen die ook alleen op weg is, is vervelend voor die vrouw, maar uiteraard ook voor die man. De kans dat hij zijn leven lang respectvol met vrouwen is omgegaan en nog nooit een vlieg kwaad heeft gedaan is vele malen groter dan de kans dat hij de vrouw iets wil aandoen, en toch kan zij hem tegemoet treden alsof hij een potentiële verkrachter is. Dat zijn simpele aanwezigheid de sfeer beladen maakt en een tegenligger angst kan inboezemen, terwijl hij alleen maar een wandeling maakt, geeft uiteraard ook de solowandelende man een naar gevoel.

Er zit een ingewikkelde kant aan vrouwen die alleen uit wandelen gaan veiligheidsadviezen geven. Het idee dat vrouwen door hun uiterlijk en gedrag aan te passen kunnen voorkomen dat hun doodsimpele aanwezigheid in de publieke ruimte als seksuele invitatie wordt gezien, zit diepgeworteld maar is verwerpelijk. Het draagt bovendien bij aan het idee dat elke man potentieel gevaarlijk is. De enigen die hun gedrag moeten aanpassen, zijn uiteraard de daders. Suggereren dat vrouwen seksuele intimidatie of geweld kunnen voorkomen door bepaalde adviezen op te volgen en zich op een bepaalde manier te kleden of gedragen, kan ertoe leiden dat vrouwen geloven dat ze zelf iets fout hebben gedaan als er toch iets naars gebeurt, dat het deels hun eigen schuld is. En dat is natuurlijk nooit het geval. Solnit stelt dat ze zo vaak roofdieren is tegengekomen dat ze leerde denken als een prooi. Dat is begrijpelijk en herkenbaar, maar het roept wel een vraag op. Zouden we er niet meer bij gebaat zijn als we onszelf als sterk, weerbaar en zelfredzaam zagen in plaats van als prooi? Als we leerden denken als een weerbare tegenstander?

Veel tips die op wandelblogs worden gegeven aan vrouwen die alleen op pad willen – zoals het meenemen van pepperspray of een legaal alternatief als haarlak, of een mes – dragen niets bij aan hun veiligheid, aldus Shanna Bussink. 'Ik begrijp heel goed dat je je zekerder voelt en meer durft als je iets bij je hebt om je mee te verdedigen, maar ik raad het af. Pepperspray is verboden, met een bus haarlak in je hand door het bos wandelen herinnert je er vooral continu aan dat je iets zogenaamd gevaarlijks aan het doen bent en een wapen kan ook tegen je worden gebruikt. Bijvoorbeeld als de aanvaller je arm omdraait en je opeens je eigen mes tegen je keel hebt. Bovendien is de kans groot dat hij alleen maar agressiever wordt als je een wapen tevoorschijn haalt.'

Weten wat je kunt doen als je wordt lastiggevallen – en daar het liefst ook mee oefenen, bijvoorbeeld in een rollenspel – kan zelfvertrouwen en mentale rust geven. Volgens Shanna is dat oefenen onder (veilige) fysieke en mentale druk cruciaal. 'Veel zelfverdedigingscursussen slaan de plank hier mis: je leert heel handige dingen, maar zelden onder druk. Met als gevolg dat je op het moment dat je in een gevaarlijke situatie terechtkomt een black-out kunt krijgen en geen idee meer hebt wat je ook alweer moest doen.'

Het oefenen van zelfverdedigingstechnieken garandeert uiteraard geen goede afloop, maar het kan de kans daarop wel vergroten. Daarom beperk ik me in dit hoofdstuk tot twee adviezen, die uitsluitend gericht zijn op weten wat je kunt doen. Het eerste is heel praktisch: volg een cursus zelfverdediging, of leer op zijn minst enkele zelfverdedigings- en loskomtechnieken. Als je weet hoe je fysiek op een aanval moet reageren en daarmee hebt geoefend, stap je met meer zelfvertrouwen het bos in.

Het tweede advies is een inzicht dat Roanne van Voorst deelde en dat ik heel verhelderend vond. Ze vertelde me dat bijna alle vrouwen die een man tegenkomen van wie ze denken dat hij rare intenties heeft instinctief hetzelfde gedrag vertonen: ze maken zich klein. Omdat ze zich kwetsbaar voelen, ze de situatie bedreigend vinden en omdat ze denken dat de man fysiek sterker is. Roanne: 'Komen we in een donker steegje een potentieel enge man tegen, dan is de kans groot dat we in elkaar duiken, wegkijken en sneller gaan lopen. Vaak pakken we onze telefoon erbij, om te laten zien dat we in gesprek zijn en niet geïsoleerd. Dat laatste is heel dom in de stad, want als die man inderdaad kwaad in de zin heeft, is de kans het grootst dat hij je telefoon wil stelen.'

Roanne benadrukt dat veruit de meeste mannen uiteraard geen kwade intenties hebben. 'Maar stel dat je pech hebt en dat je in het bos de verkeerde treft. Dan is het goed om te beseffen dat zo'n gefrustreerde vent op zoek is naar een makkelijke prooi, iemand die geen stennis gaat schoppen. Hij is uiteraard een beetje zenuwachtig en bang dat jij de aandacht op hem gaat vestigen. Dus hij maakt een snelle scan van hoe je op hem reageert. Zodra hij het vermoeden krijgt dat jij een scène gaat schoppen, loopt hij door. De beste manier om te reageren is dus om jezelf niet klein maar juist heel groot te maken. Ga stampen, kijk die kerel recht aan, maak geluid. Raakt hij je aan, schreeuw dan direct zo hard mogelijk.'

Volgens Roanne is het verrassend moeilijk om zo te reageren en jezelf groot te maken, zelfs in trainingen. 'Het voelt gelijk gênant. Maar de gedachte erachter is eigenlijk heel logisch. Een fietsendief gaat voor de fiets die niet op slot staat en niet voor die met zes sloten erom. Daar loopt hij voorbij, want de kans dat hij dan opvalt is veel te groot. Als je loopt alsof je heel zelfverzekerd bent, als je tegengas geeft of schreeuwt of gilt, is de kans groot dat een man met *bad intentions* je te risicovol vindt. Een vrouw die stennis schopt is echt het laatste waar hij op zit te wachten.' Een fluitje aan de schouderband van je rugzak is uiteraard een heel handig hulpmiddel om aandacht mee te trekken, niet alleen om enge mannen af te schrikken, maar ook in andere noodsituaties.

Ook als je die man met slechte intenties niet tegenkomt, kun je last hebben van de angst dat dat gaat gebeuren. Proberen te denken: ik ga die enge man niet tegenkomen, helpt niet, aldus Roanne. 'Dat is hetzelfde als "denk niet aan een roze olifant", dan denk je meteen aan een roze olifant. Wat je kunt doen, is een andere gedachte groter maken. Herhaal bijvoorbeeld voor jezelf drie dingen die waar voelen: "Ik heb honderd keer door dit bos gelopen en ik ben nog nooit iemand met kwade bedoelingen tegengekomen." Of: "Als er iemand op me afkomt, loop ik de andere kant op." Maak die gedachten zo groot dat er simpelweg geen ruimte meer is voor die negatieve gedachte.'[52]

Een vrouw die alleen uit wandelen gaat, ondanks de angst om door intimidatie of geweld teruggedrongen te worden haar huis in, claimt dat wat Solnit 'een gigantisch deel van ons mens-zijn' noemt alsnog. Niet alleen de culturele ervaring, maar vooral die cruciale manier van in de wereld zijn. Strayed omschrijft de drijfveer van langeafstandswandelaars om ondanks tegenslagen door te gaan als volgt: 'Het had alleen te maken met het gevoel in de wildernis te zijn. Met hoe het voelde om de ene na de andere kilometer af te leggen met als enig doel getuige te zijn van bomenaanwas, weiden, bergen, woestijnen, beekjes, keien, rivieren, gras, zonsopgangen en zonsondergangen. Het was een zeer indrukwekkende en fundamentele ervaring.'[53]

TIPS VOOR VEILIG ALLEEN WANDELEN

Voor wie alleen op avontuur gaat, is een goede voorbereiding van levensbelang. Volgens wandelexpert Wanda Catsman gaan mensen daar soms echt de fout in. 'Dan lopen ze op slippertjes een berg op en kunnen ze er vervolgens niet meer af. Of ze verdwalen en in plaats van terug te lopen naar waar ze het pad nog zagen, blijven ze doorlopen in de hoop dat ze het pad weer tegenkomen. Dat is echt het domste wat je kunt doen. Voor je eigen veiligheid is het van groot belang te weten hoe je moet handelen als je in een vervelende situatie terechtkomt. En om bepaalde overlevingstechnieken te kennen. Veel mensen hebben geen weet van oriënteren en navigeren en hebben geen idee hoe ze aan de natuur kunnen aflezen wat een goede plek is om te verblijven.'

Daarom in dit hoofdstuk een uitgebreide lijst met tips voor veilig wandelen in je eentje.

Ken je mogelijkheden en grenzen

Ga je alleen op avontuur in onbewoond gebied, dan is het heel belangrijk om te weten wat je kunt en wat je niet kunt en om je ervaring stap voor stap op te bouwen. Om niet met de Mont Blanc te beginnen, maar met de Sint-Pietersberg, bij wijze van spreken. En dat geldt bij uitstek voor wie de bergen in trekt. Twee gouden tips van Gemma Venhuizen: neem in de bergen wandelen niet te licht op en leg de lat niet te hoog. 'Je hoeft niet meteen een outdoorgoeroe te worden en je mag best smokkelen. Toen ik in mijn eentje die bergtocht maakte, was ik bang dat er boven op die berg geen water zou zijn, of dat het ondrinkbaar zou blijken. Dus heb ik belachelijk veel water mee de berg op gezeuld. Een outdoorgoeroe zou dat uiteraard afraden, maar ik zou willen zeggen: maak het jezelf zo gemakkelijk mogelijk, want dat geeft mentale rust. Het is heel belangrijk om lief en mild voor jezelf te zijn en geen strenge doelen te stellen, waardoor je over je grenzen gaat. Er is namelijk niemand die je tegenhoudt als je op het punt staat iets doms te doen en de bergen zijn gevaarlijker dan wij vaak denken. Je moet zelf extra realistisch zijn en misschien de verwachtingen die je hebt van je eigen kunnen in de bergen wat naar beneden bijstellen. Maak ook oefentochtjes, even een dagtochtje om weer feeling te krijgen met het landschap, en oefen van tevoren met praktische zaken als de tent opzetten.'

Begin niet zomaar te wandelen, maar bouw voor vertrek je conditie op. En als je dat niet doet, begin dan niet met bergetappes van twintig kilometer per dag, maar bouw je uithoudingsvermogen en kracht rustig op tijdens het wandelen. Gun je lichaam de tijd om zich aan te passen aan de nieuwe omstandigheden.

Kom je voor een situatie te staan waarvan je niet zeker weet of je die aankunt, keer dan om als dat kan. Zo besluit Cheryl Strayed in *Wild* haar route aan te passen en de High Sierra over te slaan, omdat daar een dik pak sneeuw ligt.

> Behalve de sneeuw waren er de gevaarlijk hoge rivieren en stroompjes die ik zou moeten oversteken, temperaturen die het risico van onderkoeling met zich meebrachten en het feit dat ik voor lange etappes alleen op de kaart en mijn kompas kon vertrouwen. En al die dingen waren erger omdat ik alleen was. Ik had niet de juiste uitrusting, kennis of ervaring. En omdat ik solo liep, kon ik me geen fouten veroorloven. Door af te buigen zoals de meeste andere PCT-trekkers hadden gedaan, zou ik de glorie van de High Sierra missen. Maar als ik op het pad bleef, zou ik mijn leven riskeren.[54]

Als je zorgt dat je het overleeft, kun je later, als de omstandigheden beter zijn, nog eens terugkeren om dat deel van het pad alsnog te lopen en er extra van te genieten.

De beslissing nemen om te stoppen kan moeilijk zijn omdat het voelt als falen. We leven in een maatschappij waar 'nooit opgeven' en 'als je het wilt, dan kun je het ook' vaak worden gepresenteerd als respectievelijk een positieve karaktereigenschap en een waarheid. Juist daarom is verstandig zijn en stoppen extra moedig. Wat meer #nosummittoday en wat minder #nevergiveup, daar is helemaal niets mis mee.

Alleen met een gids

Wie alleen door een onbekend onherbergzaam gebied wil trekken, kan een gids inhuren – in sommige buitenlandse nationale parken is dat zelfs verplicht. Dit voorkomt dat je in levensbedreigende situaties terechtkomt. Er zit wel een nadeel aan voor wie pure eenzaamheid wil ervaren, want als er constant een ander mens in de buurt is ben je veiliger, maar minder alleen.

Misschien is er een tussenweg. In Colombia sprak ik Diego Garavito, eigenaar van tourorganisatie Salento Trekking. Hij organiseert meerdaagse trektochten door het prachtige Parque Nacional Natural Los Nevados, een groot natuurgebied in de Andes met meerdere (actieve) vulkanen. In grote delen van het nationale park is een gids verplicht (en aan te raden). Diego gaat zelf regelmatig met zijn klanten mee en hij vertelde me over een Zwitsers meisje. Ze had eigenlijk alleen willen gaan, maar omdat dat niet mocht, liet ze Diego weten dat ze tijdens het wandelen niet wilde praten. 'Het was voor mij de saaiste en langste tocht ooit,' vertelde hij mij. 'Ze zei de hele dag geen woord. Als we onderweg een bergmeertje tegenkwamen, trok ze steevast haar kleren uit en dook ze erin om te zwemmen, alsof ik er niet bij was. Ik was blij als we 's avonds bij de plek aankwamen waar we sliepen en ik weer even met iemand kon praten.'

Misschien niet zo leuk voor sociaal ingestelde gidsen die onderweg graag kletsen, maar wie verplicht met een gids moet lopen en toch iets van het alleen-zijn wil ervaren, kan een voorbeeld nemen aan deze Zwitserse wandelaar.

Informeer het thuisfront

Het verhaal van oud-wielrenner Steven de Jongh was voor mij, en waarschijnlijk ook voor veel anderen, een wake-upcall. Voor wie het niet kent: in de ochtend van 15 oktober 2018 ging De Jongh een rondje fietsen in de buurt van Girona, waar hij een huis heeft. Toen hij om vier uur 's middags nog niet terug was en hij ook niet reageerde op telefonische oproepen, sloeg zijn vrouw alarm. Vrienden, politie en brandweer gingen op zoek en vonden hem vlak voor het donker werd bewusteloos in een diepe greppel. Of hij daarin is terechtgekomen na een aanrijding of door een andere oorzaak, is nooit duidelijk geworden.

De Jongh kwam ervanaf met een zware hersenschudding, maar iedereen die zelf ook wel eens alleen op pad gaat, vroeg zich op dat moment waarschijnlijk af wat er gebeurd was als niemand had geweten dat hij in zijn eentje aan het fietsen was. Wat waren de gevolgen geweest als zijn vrouw pas een uur later alarm had geslagen en hij niet voor het donker was gevonden? Een hulpmiddel bij de zoektocht was dat De Jongh de app Strava had gebruikt, die de route van hardlopers en wielrenners registreert zodat ze later online kunnen opscheppen over waar, hoe ver en hoe hard ze hebben gelopen of gefietst. De Jongh werd uiteindelijk dicht bij de plek gevonden waar het signaal was opgehouden. Als niemand had geweten welke route hij had gekozen, zou hij dan ook op tijd zijn gevonden?

Het incident, dat gelukkig goed afliep, leert hoe belangrijk het is om op zijn minst één persoon te laten weten dat je alleen op pad gaat, welke route je neemt en hoe laat je verwacht op je eindbestemming aan te komen. Antonette Spaan wandelde twee weken in haar eentje op trails in de Pacific Northwest in de Verenigde Staten en nam voorzorgsmaatregelen. 'Ik had een appgroepje met mijn broer en zus en een vriend waarin ik elke dag liet weten waar ik heen ging, wat het kenteken van mijn huurauto was en hoe laat ik verwachtte aan te komen, zodat ze wisten wanneer ze eventueel hulptroepen moesten inschakelen.'

Schroom niet om iemand in te schakelen, deel zoveel mogelijk informatie over je route en laat weten waar je bent, bijvoorbeeld door je Google Maps-locatie te delen. In 99,9 procent van de gevallen zal deze voorzorgsmaatregel overbodig blijken, maar omdat je nooit weet op welke dag die 0,01 procent waarin het wel misgaat valt, kun je hem maar beter nemen.

Zorg voor goed materiaal

Veilig wandelen begint met veilig materiaal. Goede schoenen in de juiste maat (niet te groot, maar ook niet zo klein dat je tenen tijdens een afdaling de neuzen raken), de juiste kleding (voor verschillende weersomstandigheden) en een stevige rugzak die het gewicht op de heupen plaatst en je nek, schouders en rug zoveel mogelijk ontziet.

Neem, zeker als je de wildernis in gaat, een EHBO-setje mee. Er bestaan speciale setjes voor wandelaars, maar wie zelf een setje wil samenstellen, moet denken aan: gewone pleisters en blarenpleisters, een naald (om blaren mee door te prikken, eventueel speciale steriel verpakte blarennaalden), alcoholdoekjes, een pincet, schaartje, leukoplast, paracetamol, steriel gaas en een zwachtel om te gebruiken als drukverband. Het kan zeker in de bergen ook verstandig zijn een nooddeken mee te nemen.

Het spreekt vanzelf, maar een telefoon kan levens redden. Zorg dus dat je altijd genoeg batterij hebt om hulpdiensten te kunnen bellen als dat nodig is en zet hem tijdens het wandelen eventueel uit of op vliegtuigstand om de batterij te sparen. De meeste smartphones hebben een SOS-functie, die je kunt activeren door een bepaalde knop bijvoorbeeld vijf keer snel achter elkaar in te drukken (dit is voor elke telefoon anders). Je telefoon belt dan het noodnummer en activeert je microfoon. Het is ook mogelijk deze functie zo in te stellen dat je telefoon automatisch bepaalde contacten waarschuwt, die een bericht met je locatie krijgen als jij de SOS-functie gebruikt. Ben je dagenlang in een gebied zonder mobiel bereik, dan kun je op sommige gps-apparaten een volgfunctie activeren, zodat mensen kunnen zien waar je bent en dat je je voortbeweegt. De briljante Garmin InReach is een aanrader voor wie de onbewoonde wereld in trekt. Daarmee kun je niet alleen je route tracken, je locatie delen en navigeren, je kunt er ook tekstberichten mee versturen en in geval van nood een SOS-signaal, overal ter wereld.

Test voordat je aan een trektocht begint al je materiaal, desnoods in je eigen achtertuin. Pak je rugzak in, neem alles mee en ga een weekendje kamperen. Als blijkt dat die oplader op zonne-energie je telefoon toch niet oplaadt, of dat je gasflesje niet op het brandertje aansluit, kun je daar beter in je eigen achtertuin achter komen dan op een verlaten alp.

Bereid je route voor en leer navigeren en oriënteren

Het bestuderen van de route voor vertrek is onontbeerlijk voor wie veilig wil wandelen. Mocht je een bepaalde bestemming willen bereiken, dan is het van groot belang om te weten hoelang de wandeling gaat duren. Zodat je je niet midden in een bos bevindt op het moment dat het donker invalt, of juist midden in een stad terwijl je van plan was te wildkamperen. En als je om op je eindbestemming te komen meerdere dagen door onbewoond gebied moet trekken, is het natuurlijk ook heel belangrijk om te weten waar je water kunt vinden.

De belangrijkste hulpmiddelen zijn een gps, een kompas, een goede kaart en/of een gedetailleerde wandelgids met kaart. Wat die kaart betreft, dat moet een (recente) topografische kaart zijn, want die geeft een nauwkeurig beeld van een bepaald gebied en daarop is alles terug te vinden wat er in de werkelijkheid ook is: wegen, bossen, huizen, riviertjes en meren, wind- en watermolens, hoogspanningslijnen, spoorwegen etc. Daarnaast is het van belang dat er hoogtelijnen op de kaart staan, zodat je kunt zien hoe steil een helling is. Een schaal van 1:25.000 (1 centimeter op de kaart is in werkelijkheid 250 meter) is zeer geschikt voor wandelingen omdat je daarop veel oriëntatiepunten terugvindt. Voor langere wandelingen kun je uiteraard een kaart met een schaal van 1:50.000 overwegen, maar het is nog beter om voor twee kaarten van 1:25.000 te gaan. De afstand tussen twee punten op de kaart over een bochtige route meet je het makkelijkst met een stukje fijn touw of garen.

Je kunt de kaart oriënteren met behulp van twee punten in de omgeving (bijvoorbeeld een kerktoren en een elektriciteitsmast), maar het is betrouwbaarder om het met een kompas te doen. En wellicht overbodig, maar wel relevant: leer voor vertrek kaartlezen.

Het handige aan wandelgidsen is dat de route en herkenningspunten er vaak duidelijk in staan beschreven, net als overnachtingsmogelijkheden en waterpunten. Zo'n gids geeft nog veel meer informatie dan alleen een topografische kaart, ook over lokale flora en fauna en bezienswaardigheden.

Op veel plekken ter wereld zijn wandelroutes uitgezet en voorzien van signalering: bordjes, paaltjes, codes op bomen of rotsen, steenmannetjes, de befaamde paddenstoelen. Dit voorkomt dat je op elk kruispunt de kaart erbij moet pakken om te zien welke kant je op moet, maar toch is het tijdens avontuurlijke wandelingen in onbewoonde gebieden niet verstandig enkel op die bordjes te vertrouwen en de kaart thuis te laten. Mocht een bordje zijn overgroeid, weggerot of omgedraaid, dan is het fijn om op een kaart te kunnen terugvallen.

Moderne technieken hebben de kans om echt in de problemen te komen natuurlijk veel kleiner gemaakt. Wie dagenlang door onbewoond gebied trekt, doet er goed aan een gps mee te nemen. En dan zijn er natuurlijk nog verschillende apps waarmee je kaarten en locaties kunt opslaan en je je route kunt tracken, bijvoorbeeld Locus Map.

Controleer voor vertrek het weerbericht

Een van de mooiste wandelingen die ik heb gemaakt – twee keer zelfs – is de dagtocht door de Valle de Cocora in het Colombiaanse departement Quindío. De route door het hooggebergte voert door weilanden vol vette koeien, een stuk nevelwoud, een duister dennenbos dat tot in de hemel lijkt te reiken en uiteindelijk door een groene vallei vol torenhoge waspalmen, de indrukwekkende nationale boom van Colombia.

Een van de kenmerken van een nevelwoud is dat het er mistig is en veel regent. Alleen in de vroege ochtend laat de zon zich soms zien, daarna trekt de nevel het bergdal in en wordt het almaar natter. Vooral de eerste keer dat ik die route liep, in 2013, zeek het van de regen. Ik had een lichtgroene broek aan, die door de modder tot aan mijn knieën donkerbruin kleurde. Desondanks kwam ik na die dag dolgelukkig terug in Salento. Ondanks de mist en regen was het daar zo magisch mooi. Of misschien was het juist wel zo mooi dankzij die omstandigheden.

Regen hoeft een wandeling niet te verpesten – wolkeloze luchten, felle zon en hoge temperaturen zijn vaak een grotere vijand. Maar zowel op regen als op zon kun je je kleden en voorbereiden. De grootste gevaren voor de wandelaar schuilen in dichte mist, diepe sneeuw en zwaar onweer. Dichte mist belemmert het zicht (op afgronden, moerassen, signalering...) en daarmee ook het oriëntatievermogen. Diepe sneeuw vermoeit enorm, waardoor de uitgestippelde route veel zwaarder is en langer duurt dan vooraf gedacht. Zwaar onweer is gevaarlijk omdat de wandelaar in een open veld soms geen geschikte schuilplaats heeft voor de bliksem.

Vooral bij bergwandelingen kan het weer een beslissende rol spelen. Daar kan de wind plotseling draaien waardoor het weer omslaat, de temperatuur daalt en de wandelaar wordt overvallen door regen of onweer. Het is dus heel belangrijk om het weerbericht te controleren voordat je de bergen in trekt. Ga je een meerdaagse bergtocht maken, leer dan hoe je aan bijvoorbeeld de wolken en de windrichting kunt aflezen wat het weer doet.

Neem voldoende water en proviand mee

Het klinkt vanzelfsprekend, 'neem voldoende water mee', en misschien zelfs een beetje kinderachtig, maar ik weet helaas uit ervaring dat een verkeerde inschatting zo is gemaakt. Ik ging in 2013 in mijn eentje een wandeling maken in de Desierto de la Tatacoa in Colombia, een regenschaduwwoestijn. Het woord *desierto* had de alarmbellen wel moeten doen rinkelen, maar ik was er na zonsondergang aangekomen en ik dacht dat het wel mee zou vallen. Ik vertrok vroeg, het was zelfs nog een beetje fris toen ik op pad ging, en ik nam twee halveliterflesjes water mee. Bij mijn eindbestemming, een natuurlijk zwembad, zou water te koop zijn. Al na een uur brandde de zon fel op mijn onbedekte hoofd en na twee uur lopen was mijn water op, terwijl ik pas halverwege was.

Nu was ik niet echt in gevaar: ik had wel dorst, maar ik was nog lang niet uitgedroogd, daarvoor had ik simpelweg niet lang genoeg gelopen. Bovendien kwam er na twee uur een man te paard voorbijgereden, dus ik was niet helemaal alleen en ik had om hulp kunnen vragen. Dat deed ik toen niet, maar een uur later wel, toen ik voor het eerst langs een huisje kwam. Er zat een oude man in een schommelstoel op de veranda. '*¿Disculpe, señor, hay agua?*' vroeg ik. Hij liet me binnen en nam me mee naar de veranda achter het huis, waar een grote waterton stond. Daar schepte hij met een enorme pollepel wat van in een tinnen beker en die gaf hij aan mij. Waarschijnlijk bracht ik mezelf alleen nog maar meer in gevaar door dat water te drinken, maar ik had het gevoel dat mijn leven was gered en ik zal die man en zijn pollepel nooit meer vergeten.

Ik heb aan die ervaring in de woestijn een licht trauma overgehouden met als gevolg dat ik sindsdien altijd veel te veel water meesjouw als ik ga wandelen – zeker bij hoge temperaturen – en dat ik eventueel gezelschap daar ook toe probeer te overreden. Toen ik in 2019 opnieuw in Colombia was en ik de wandeling door het Amazoneregenwoud maakte waar ik in de inleiding over schreef, was ik er ook niet gerust op. Uiteraard is er voldoende water in het regenwoud, maar hoewel de inheemsen dat zonder problemen kunnen drinken, is dat voor onze verwende westerse darmstelsels niet altijd een goed idee. Ik bleef me dus toch steeds wat zorgen maken over onze voorraad, totdat de gids op een gegeven moment in een boom klom, een liaan afhakte, daar aan de andere kant nog een stuk afhakte en hij een halve liter water uit die dikke liaan in mijn waterflesje liet stromen. Toen ik eenmaal wist dat ik in het gezelschap verkeerde van een man die drinkwater tevoorschijn kon toveren uit bomen, ontspande ik eindelijk.

Te weinig water hebben is misschien wel de grootste fout die een solowandelaar kan maken. Het overkomt ook Cheryl Strayed tijdens haar voettocht over de Pacific Crest Trail, als een waterbron waarop ze had gerekend opgedroogd blijkt te zijn. Ze schrijft:

> Ik was niet bang zoals ik eerder die dag bang was geweest, toen ik het eigenaardige gevoel had gehad dat er vlakbij iets naar me zat te loeren. Ik was letterlijk doodsbang. Het was geen gevoel, het was een feit. Het was minstens 38 graden Celsius en ik was vele kilometers verwijderd van een waterbron. Ik wist dat dit de ernstigste situatie was tot nu toe. Ernstiger dan een aanstormende stier, schokkender dan de sneeuw. Ik had water nodig, en snel ook. Eigenlijk hier en nu. Ik voelde het tot in mijn poriën.[55]

Gelukkig weet Strayed het vol te houden tot de volgende bron, een smerig poeltje vol kikkers, maar wie die doodsangst eenmaal heeft gevoeld, zal nooit meer een risico nemen. In een handboek voor wandelaars las ik een goede tip: drink nooit je laatste restje water op, want het idee dat je nog wat hebt, kan je mentaal door een moeilijk moment slepen.

Wie een meerdaagse tocht onderneemt doet er altijd verstandig aan een waterfilter mee te nemen. Het scheelt enorm veel gewicht en zorgt ervoor dat je ook water dat je niet helemaal vertrouwt kunt drinken, omdat je virussen, bacteriën en protozoa die je ziek kunnen maken er dan zo uit filtert. Een andere optie is om chloortabletten (of andere waterzuiveringstabletten) mee te nemen – het water wordt er bepaald niet lekkerder van, maar wel veiliger. Het is sowieso een prettig gevoel om ze bij je te hebben voor noodgevallen.

Zeker als je in droge gebieden of bij hoge temperaturen wandelt is het van groot belang om van tevoren te controleren waar zich waterbronnen bevinden en of daar ook daadwerkelijk water in staat.

Een mens kan drie tot vier dagen zonder water – als hij zich niet inspant, de temperatuur niet te hoog is en hij niet wordt blootgesteld aan de zon. We kunnen veel langer zonder eten, soms wel veertig dagen. Het risico van te weinig voedsel mee hebben is dus aanzienlijk kleiner dan het risico van een watertekort.

Het wandelt wel een stuk minder lekker op een lege maag. Wie veel calorieën verbrandt – en tijdens het lopen verbrand je aanzienlijk meer dan zittend op een bureaustoel – moet die weer aanvullen. Maar het is dus niet nodig om heel veel meer eten mee te nemen dan je gebruikelijke drie maaltijden per dag, of extra grote porties, vooral ook omdat het gewicht daarvan in je nadeel werkt. Alleen in het geval van zware (berg)wandelingen is het een goed idee om wat extra suikers en calorieën in je rugzak te stoppen, bijvoorbeeld nootjes en gedroogde vruchten. Online staan veel recepten voor zo'n 'trailmix'.

De ideale maaltijd voor een wandelaar is lichtgewicht, houdbaar, makkelijk te bereiden en lekker, al worden aan dat laatste punt vaak als eerst concessies gedaan. Gevriesdroogde maaltijden zijn een uitkomst, net als Brintazakjes, zakjes soep, voedzame energierepen en Hartkeks of 'legerbiscuits', speciale harde, houdbare biscuits met een hoge voedingswaarde die kunnen dienen als broodvervanger.

Verder is een noodrantsoen een aanrader bij langere trektochten, ook voor de mentale rust, zeker als je gaat wildkamperen in onherbergzaam gebied. Het is een fijn idee dat je wat producten met een hoge voedingswaarde in je rugzak hebt zitten voor het geval je in noodweer terechtkomt, verdwaalt of aankomt in een dorp waar alle winkels dicht zijn omdat het zondag blijkt te zijn. Neem bij meerdaagse trektochten dus altijd voor een extra dag eten mee, voor het geval je tocht door onvoorziene omstandigheden een dag langer duurt of je je voorraad niet volgens planning kunt aanvullen.

Naslagwerken

Veel wandelaars nemen op langere trektochten iets te lezen mee, sommigen zelfs een echt boek, ondanks het gewicht ervan. Ook een e-reader is uiteraard niet gewichtloos, maar dat gewicht kan zich uitbetalen. Het voordeel van een e-reader is dat je er heel veel boeken op kunt zetten en je dus ook wat extra's kunt meenemen. Denk bijvoorbeeld aan informatie over de omgeving waarin je wandelt, extra reis- en wandelgidsen, een vogelgids, een survivalhandboek en naslagwerken over oriënteren en navigeren. Het kan een lekker gevoel geven om zoveel kennis op zak te hebben als Google even geen optie is.

Workshops en cursussen

Wie goed voorbereid en met vertrouwen in eigen kunnen alleen op avontuur wil gaan, kan verschillende cursussen, workshops en lezingen volgen of iemand in de arm nemen die zich specialiseert in voettochtvoorbereiding en/of wandeltraining. Het aanbod is enorm. Er zijn navigatiecursussen (kaart, kompas, gps), oriëntatieworkshops, materiaaltrainingen, bergwandelcursussen... Een overzicht van het totale cursusaanbod bestaat helaas niet, dus je zult je zelf met je kapmes een weg door de (online) jungle moeten banen.

Een van de plekken waar je een uitgebreid cursusaanbod vindt, is de Outdoor School van reisorganisatie SNP Natuurreizen. Kijk op snpoutdoorschool.nl voor het cursusaanbod. Shanna Bussink organiseert regelmatig workshops (hikenbeginthier.nl), soms in samenwerking met Antonette Spaan (we12travel.com). Wanda Catsman en Shanna organiseren samen speciaal voor vrouwen 'Sterker in je wandelschoenen'-weekenden, waar ze aandacht besteden aan navigeren en oriënteren, maar ook aan mentale weerbaarheid en zelfverdediging. Kijk voor meer informatie op sterkerinjewandelschoenen.nl.

Wat te doen als...

In de woorden van Gemma Venhuizen: 'Je moet als wandelaar ook een negatief scenario in je hoofd hebben en jezelf "wat als"-vragen stellen: als je verdwaalt, hoe los je dat dan op? Als je tent lek blijkt, wat doe je dan? De kunst is wel om je vervolgens niet te laten ontmoedigen door al die negatieve scenario's, want dan durf je niet meer. Bereid je erop voor, zorg dat je weet wat je gaat doen als je iets overkomt en schakel dan die gedachten aan de negatieve scenario's weer uit.'

Ik schets hier enkele negatieve scenario's en mogelijke oplossingen, om je op weg te helpen. Dit is uiteraard geen survivalhandboek en ook geen volledige cursus. Het is meer bedoeld om een idee te geven van hoe een stappenplan – het idee dat er iets is wat je kunt doen – voor vertrek vertrouwen kan geven. Dat geldt ook voor het aanleren van enkele basisvaardigheden, zoals knopen leggen, vuur maken en zelfverdedigingstechnieken.

Verdwalen
In je eentje verdwalen in een uitgestrekt natuurgebied zonder toegang tot voedselbronnen is natuurlijk een nachtmerriescenario. Het belangrijkste advies is dan ook om te leren oriënteren en navigeren zodat je voorkomt dat je in die situatie terechtkomt. Mocht het toch misgaan, dan is het van levensbelang dat er iemand is die weet in welk gebied je je bevindt en die hulp kan inschakelen op het moment dat je je niet op de afgesproken tijd meldt.

Bevind je je nog op een pad, dan kun je doorlopen. Het doel is om zo snel mogelijk terug te keren naar de bewoonde wereld. Zolang het pad alleen rechtdoor loopt, kun je geen verkeerde keuze maken. Kom je bij een kruising, dan kun je naar de paden kijken. Als de hoekjes bij een van de paden meer zijn afgesleten of platgetreden dan bij de andere, dan is dat de meest bewandelde route en waarschijnlijk de route die naar de bewoonde wereld leidt.

Ben je het pad kwijt, dan is het slechtste wat je kunt doen doorlopen in de hoop dat je het weer tegenkomt. De kans bestaat dat je dan juist nog verder van het pad af raakt. Je kunt veel beter dezelfde weg teruglopen tot het punt waarop je nog wist waar je was.

Vind je de weg terug naar het pad niet meer, blijf dan waar je bent. Zend een SOS-signaal uit met je telefoon of gps en zorg dat je zichtbaar bent vanuit de lucht (hang dat feloranje T-shirt in een boom of leg het op een plek die vanuit de lucht goed zichtbaar is, maak vuur als dat mag en kan). Ben je in een gebied waar regelmatig andere wandelaars komen, dan heeft het ook zin om geluid te maken (bijvoorbeeld door op je fluitje te blazen).

Heb je geen tent bij je, zoek of maak dan een goede, ruime schuilplaats. Het liefst natuurlijk in de buurt van water, maar zorg er wel voor dat je je hut of bivak boven het hoogwaterpeil bouwt en niet aan de voet van een heuvel of berg, want je wilt niet wegspoelen. Zo'n beschut onderkomen, hoe primitief ook, beschermt je tegen het weer en dat kan je er vooral in geval van kou en regen doorheen slepen. Bovendien geeft het je iets te doen, zodat je even geen tijd hebt voor paniek.

Stranden

Als het donker wordt voordat je je bestemming hebt bereikt, of het weer wordt opeens zo slecht dat je niet meer verder komt omdat het pad onbegaanbaar of onveilig is geworden, dan strand je. Stranden is uiteraard minder erg dan verdwalen, omdat je weet waar je bent en je de volgende dag of zodra het weer opklaart weer verder kunt lopen. Als het goed is, heb je juist voor zo'n situatie een noodrantsoen bij je en hoef je je dus geen zorgen te maken over eten en drinken. Het is altijd beter om te stranden en een veilige schuilplaats te zoeken in de buurt van het pad dan om in het donker of een onweersbui door te lopen. In het donker loop je een veel groter risico om te vallen of verdwalen. Onweer klinkt – zeker in de bergen – onheilspellender dan het is, maar bliksem hoeft maar één keer in te slaan.

Als het onweer zich binnen een straal van drie kilometer bevindt (tien seconden of minder tussen onweer en bliksem), dan moet je een veilige plek zoeken. Is er geen huis, auto of schuur (zonder metalen dak) in de buurt waar je kunt schuilen, maak je dan zo klein mogelijk door op je hurken op je rugzak te gaan zitten, met je handen over je oren of je armen om je benen geslagen. Blijf uit de buurt van hoge objecten die kunnen dienen als bliksemgeleiders, zoals bomen en masten. Ben je in het bos, zoek dan naar de plek met de laagste bomen en leun er niet tegenaan. Vermijd indien mogelijk eiken (de zuren van eiken zijn gevoeliger voor blikseminslag en de bomen zijn diep geworteld) en beuken (daar zit vaak veel dood hout aan, zogenaamde weduwemakers: takken die plotseling kunnen loslaten en op je kunnen vallen).

Heb je de keuze tussen een open veld of bos, kies dan voor het bos. Blijf zo ver mogelijk weg van de top van een heuvel of berg en van steile hellingen. De kans dat je in de bergen overlijdt door onweer is veel kleiner dan de kans dat dat gebeurt door steenslag, dus houd daar rekening mee als je tijdens een zware bui een schuilplek zoekt.

Als de bliksem vlakbij inslaat, bijvoorbeeld in een boom in de buurt, dan kan de stapspanning nog gevaarlijk zijn: het spanningsverschil in de grond. De spanning is het hoogst op de plek waar de bliksem is ingeslagen en neemt af naarmate je je verder van die plek verwijdert. Omdat bij groot vee de voor- en achterpoten vaak ver uit elkaar staan, kan er een potentiaalverschil ontstaan tussen de voor- en achterkant, waardoor de stroom door het lichaam gaat (via het hart). Voor koeien en paarden kan dit dodelijk zijn. Het is dus belangrijk om je voeten zo dicht mogelijk bij elkaar te houden als je tijdens een onweersbui gehurkt zit, want zo houd je een eventueel spanningsverschil klein. Door die stapspanning moet je bij een onweersbui ook hurken in plaats van op de grond liggen, zoals vroeger wel werd geadviseerd.

Ongewenst gezelschap

Even oplopen met een andere wandelaar, een kort gesprekje voeren, kan leuk zijn. Maar het kan ook heel vervelend zijn. Toen ik tijdens mijn eerste soloreis door Colombia een dag naar het archeologische park van San Agustín ging, vroeg een meisje in het hostel of ze met mij mee mocht. Haar reisgenoten waren zonder haar iets anders gaan doen en ze was niet graag alleen. Ik was er liever in mijn eentje heen gegaan, maar durfde haar niet af te wijzen. Al na een kwartier begreep ik waarom haar reisgenoten zonder haar iets waren gaan doen – ze was één brok negativiteit. Het is inmiddels zeven jaar geleden, die dag in het archeologische park, en ik weet niet meer hoe dat meisje heette of waar ze vandaan kwam of hoe ze eruitzag, maar ik weet nog wel dat het een heel vervelende dag was. Sindsdien ben ik wat kritischer voordat ik op reis gezelschap accepteer en zeg ik eerder 'het spijt me, maar ik ga liever alleen' dan dat ik mijn dag laat verpesten.

Hoewel dat meisje heel vervelend gezelschap was, ging er geen enkele dreiging van haar uit. De situatie was onaangenaam, maar niet onveilig. Als ik wat assertiever was geweest, had ik er heel makkelijk een eind aan kunnen maken. Dit is een eerste categorie ongewenst gezelschap: sommige mensen voelen simpelweg niet aan wanneer hun aanwezigheid niet op prijs wordt gesteld. Het is dan aan jou om duidelijk te zijn en je grenzen aan te geven. 'Ik wil alleen lopen' werkt beter dan 'ik moet even iets uit mijn rugzak pakken maar je hoeft niet op me te wachten.'

Er is ook nog een tweede categorie ongewenst gezelschap en dat is gezelschap dat je een onveilig gevoel geeft. Bijvoorbeeld als jij duidelijk aangeeft dat je alleen wilt zijn en de ander je niet met rust laat, maar aandringt. Ben je helder geweest en heeft dat geen effect, dan is het tijd om de consequenties te benoemen: 'Als je me nu niet alleen laat, bel ik de politie, want je valt me lastig.' Het kan helpen om ook te laten weten wat er gebeurt als diegene je grenzen wel respecteert: 'Als je nu omkeert en de andere kant op loopt, bel ik de politie niet en kunnen we allebei verder met onze dag.'

Heeft dat geen effect, dan is het tijd om daadwerkelijk de politie te bellen (als je bereik hebt), hulp in te schakelen of op je fluitje te blazen. Mocht iemand je fysiek lastigvallen, haal dan je zelfverdedigingstechnieken van stal.

Loslopend wild of vee, al dan niet met agressieproblemen

In Nederland lopen nogal wat grote grazers in natuurgebieden. Vooral de prachtige Schotse hooglanders en heckrunderen met hun grote hoorns kunnen nogal imponerend zijn. De meeste paarden en runderen zijn gewend aan mensen en zijn totaal niet agressief, maar het is wel belangrijk om ze met rust te laten en te voorkomen dat je ruzie krijgt met een rund van duizend kilo. Houd dus minstens vijftig meter afstand. Als dat echt niet kan, blijf dan kalm om te voorkomen dat de dieren schrikken. Ga nooit rennen in de buurt van groot vee en houd honden aangelijnd. Wees extra voorzichtig als een dier een kalf of veulen heeft. Nog een belangrijke gedragsregel om veilig te kunnen passeren: doorkruis nooit een kudde. Een rund of paard dat wordt afgesneden van de kudde zal zijn maatjes namelijk zo snel mogelijk weer opzoeken en dan kun je maar beter niet in de weg staan. Dat het een slecht idee is om de dieren te voeren, aan te halen of te achtervolgen spreekt hopelijk voor zich.

Boeren zitten net zomin te wachten op agressieve stieren als wandelaars die een weiland moeten doorkruisen. Mocht er een stier in zo'n weiland staan, dan kun je er doorgaans op vertrouwen dat het geen agressief exemplaar is, want dan was hij allang een hamburger. Maar je moet natuurlijk wel voorkomen dat hij agressief wordt, want stieren zijn territoriaal. Over je rode T-shirt hoef je je geen zorgen te maken: runderen zijn kleurenblind. Een stier in een arena reageert niet op de kleur van de lap, maar op de beweging ervan. Ook bij groot vee in weilanden gelden alle bovenstaande gedragsregels, waarbij afstand houden en rustig lopen doorslaggevend zijn. Maak ook geen oogcontact. Mocht een rund of paard toch tekenen van agressie vertonen (je aanstaren en de kop achterovergooien of juist omlaaghouden, stampen, snuiven) of op je afkomen, keer het dan nooit de rug toe en ren zeker niet weg, want beweging is dé trigger voor een aanval. Kijk het dier niet aan en loop zo rustig mogelijk achteruit, het liefst richting een hek waar je overheen kunt stappen.

In het uiterst zeldzame rampscenario dat een stier ondanks het feit dat je je aan alle bovenstaande gedragsregels hebt gehouden toch de aanval inzet, kun je jezelf zo groot mogelijk maken en zelf wat agressie tonen: zwaai met je armen, spring op een neer, stoot oerklanken uit en gebruik een grote tak of je wandelstok als wapen (mik op de neus). Moet je het uiteindelijk toch op een rennen zetten, ren dan in een zigzaglijn naar het dichtstbijzijnde hek of naar een obstakel waarachter je je kunt verschuilen – je kunt eventueel nog je rugzak naar de stier toe gooien om hem af te leiden.

Wandelen op een plek waar beren of andere (territoriale) roofdieren leven is uiteraard een heel ander verhaal. Veel mensen denken dat beren alleen ver van huis voorkomen, maar niets is minder waar: er leven nog zeer kleine populaties bruine beren in Scandinavië, de Pyreneeën, Alpen, Dolomieten, Apennijnen en op de Balkan. Die hebben zich teruggetrokken in de meest onherbergzame gebieden en de populaties zijn zo klein dat de kans dat je tijdens een wandeling in een van die gebieden ooit een beer tegenkomt te verwaarlozen is.

In de Verenigde Staten en Canada is die kans veel groter. In principe vermijden beren mensen, dus het is van belang om geluid te blijven maken zodat ze op afstand blijven en je ze niet verrast (en zij jou niet). Ben je in een groep, dan gaat dat herrie maken vanzelf, maar als je in je eentje wandelt, dan moet je er je best voor doen. Er bestaan speciale beerbelletjes die je aan je rugzak kunt hangen, maar die maken niet altijd genoeg lawaai. Er wordt dan ook aangeraden om veel te zingen tijdens je wandeling.

Verschijnt er toch een beer op je pad, ga dan niet schreeuwen, maar maak wel geluid en loop rustig achteruit zodat je als je ver genoeg bij hem uit de buurt bent met een heel grote boog om hem heen kunt lopen. In het zeldzame geval dat hij naar je toe komt, maak je je groot (duik dus niet in elkaar en loop ook niet weg) en praat je rustig tegen de beer. Pak wel je *bear spray* erbij. Valt hij aan, dan kun je zodra hij op minder dan vijf meter afstand is die pepperspray in zijn gezicht spuiten als laatste redmiddel (uiteraard niet met wind tegen, dan schakel je slechts jezelf uit).

Beren zijn altijd op zoek naar eten, dus om ongewenste ontmoetingen met beren te voorkomen, is het ook belangrijk om eten en afval goed op te bergen (en dus niet in je tent, maar het liefst op vijftig meter ervandaan). Een beproefde methode is om je voedselvoorraad 's nachts minstens vier meter hoog in een boom te hijsen, zodat beren er niet bij kunnen. Om te voorkomen dat je tent of de nabije omgeving ervan naar eten ruikt, is het ook een goed idee om je eten op ruime afstand van je tent te bereiden.

Het voert te ver om hier uitgebreid op alle mogelijke gevaarlijke dieren in te gaan, maar over het algemeen geldt: informeer je over natuurlijke gevaren op de plek waar je gaat wandelen, of het nu gaat om slangen, giftige spinnen, insecten en planten, potentieel hondsdolle vleermuizen of grote katachtigen en beren. Weet de dieren en planten te herkennen en zorg dat je weet wat je moet doen bij een ontmoeting of zelfs aanraking. Houd er ook rekening mee dat je soms heviger kunt reageren op een exotisch dier dan op een Nederlandse of Belgische variant. Het kan zijn dat je van een bijensteek in Nederland weinig last hebt, maar dat je wél een allergische reactie vertoont op de steek van een bij in het Amazoneregenwoud. Nog een kleine persoonlijke tip: wandel je op een plek waar veel muggen of andere stekende insecten zijn, zorg dan dat je wat antihistamine bij je hebt, bijvoorbeeld in de vorm van simpele hooikoortstabletjes. Die helpen uitstekend tegen gekmakende, slaapverstorende jeuk.

NAWOORD

Ik woonde al twee jaar in de heuvels toen ik eindelijk een goede topografische kaart van mijn omgeving kocht en ontdekte dat mijn dorp en de boerderij waar Clementina woont met elkaar verbonden zijn door voetpaden. Ga je met de auto, dan rijd je enorm om, om de heuvels heen, via andere dorpen. Lopend doe je er iets minder dan twee uur over en kom je op plekken waar nog nooit een auto is geweest. De wandeling voert over smalle paadjes door pijnbossen, langs afgelegen oude boerderijen, over in verval geraakte onverharde wegen en dwars door een riviertje. Na die ontdekking drong het pas tot me door dat alle boerderijen en dorpen in deze heuvels met elkaar verbonden moeten zijn door eeuwenoude (ezel)paden, want nog niet zo heel lang geleden was dat de enige manier waarop mensen zich hier verplaatsten. Sterker nog: het is relatief kortgeleden dat er op onze planeet geen andere 'wegen' bestonden dan dierensporen en wandelpaden.

Ik ben blij dat ik de afgelopen jaren heb ontdekt hoeveel plezier het geeft om over een wandelpad te lopen, vooral over die eeuwenoude smalle mensenpaadjes. Die paden verbinden ons op een fundamentele manier met onze omgeving en met onze voorouders, met alle anderen die daar ooit gelopen hebben en die dat pad hebben uitgesleten, op weg naar de boer verderop om melk te halen, op weg naar het dorp om te werken, op weg naar vrienden en familie voor gezelschap, op weg naar een heilige plaats. Door duizenden jaren evolutie zijn we uitgerust met een lichaam dat bijzonder geschikt is om de wereld lopend te verkennen en dat nooit was bedoeld om zoveel te zitten als we vandaag de dag doen: in de auto, trein, bus of in het vliegtuig, op kantoor, op de bank, starend naar allerhande beeldschermen. De herontdekking van het wandelen en de voldoening die het brengt, is tegelijkertijd een herontdekking van de mogelijkheden en de kracht van het menselijk lichaam.

Omdat lopen zo menselijk is, vind je overal ter wereld die eeuwenoude wandelpaden. Ik verkende de afgelopen jaren niet alleen mijn woonomgeving in Piëmont te voet, maar ook alle andere plekken waar ik kwam, in Italië, Nederland, Nieuw-Zeeland en Colombia. Ik ging nooit op reis om te wandelen, maar als ik op reis was, wandelde ik.

Nieuw-Zeeland is een walhalla voor wandelaars: overal zijn er perfect onderhouden routes met geweldige voorzieningen en eenduidige wegwijzers. Ik liep de populaire Tongariro Crossing (in slecht weer), maar ging ook op ontdekkingstocht buiten de gebaande paden. Op een afgelegen *sheep and beef farm* in de bush van het Nieuw-Zeelandse Noordereiland volgde ik de looproutes van voormalige settlers, Europeanen die daar in de wildernis ooit een boerderij begonnen, maar het niet redden. De paden lopen vanaf de Whanganui River, toen de enige manier om het gebied te bereiken, de jungle in en eindigen bij ruïnes op open plekken in het bos, waar nog altijd gras groeit ter herinnering aan het vee dat er ooit graasde.

In het prachtige Colombia, waar ik was om een reisgids te schrijven, wandelde ik door adembenemende natuurgebieden. Ik maakte er ook de foto die de voorkant van dit boek siert. Colombia herbergt verschillende landschappen, van de sprookjesachtige *páramo* hoog in de Andes tot idyllische Caribische stranden in het noorden, van koffieplantages op steile groene heuvels tot uitgestrekte moerasvlaktes, van woestijngebieden tot het imponerende Amazoneregenwoud. Wandelen in Colombia is een stuk avontuurlijker en (mede door de hoogte) uitdagender dan in Nieuw-Zeeland, maar ik maakte er mijn mooiste, meest bevredigende wandelingen tot nu toe.

Gelukkig ontdekte ik ook dat je niet naar de andere kant van de wereld hoeft om door prachtige, afwisselende landschappen te wandelen. In Nederland zijn eindeloos veel mooie wandelroutes en omdat ons land zo vlak is, kun je er te voet ver komen in een dag. Je hoeft niet eens bewust te gaan wandelen om je blik op je woonomgeving (en soms ook op jezelf) positief te veranderen. Het kan genoeg zijn om ook in het dagelijks leven te kiezen voor vertragen: om de auto eens te laten staan en te voet naar een afspraak te gaan, of naar dat cafeetje vijf kilometer verderop.

OVER DE WANDELAARS IN DIT BOEK

Zonder de wandelaars die zich door mij lieten interviewen had ik dit boek niet kunnen schrijven en was het schrijfproces veel minder leuk en interessant geweest. Ik wil hen bij dezen hartelijk danken voor het delen van hun inspirerende persoonlijke verhalen. Mijn speciale dank gaat uit naar Shanna Bussink, die bereid was het manuscript kritisch te lezen en te voorzien van bemoedigende, verhelderende en nuttige opmerkingen.

Meer informatie over de wandelgidsen van Alex Buis is te vinden op de website van zijn uitgeverij: gegarandeerdonregelmatig.nl. Op wegvandebuis.nl staan mooie wandelroutes van Alex.

Antonette Spaan houdt haar avonturen bij op haar blog we12travel.com en op Instagram: @we12travel.

Alles over het journalistieke werk en de boeken van Gemma Venhuizen is te vinden op haar website gemmavenhuizen.nl.

De website van Matthijs Wind is matthijswind.nl. Hij is ook te vinden op Instagram: @matthijswind.

Op roannevanvoorst.com vindt u alles over het werk van Roanne van Voorst. Haar cursus voor het overwinnen van angsten heet Muscle Up Your Courage, meer informatie is te vinden op iamhatch.com. Volg haar ook op Instagram: @roannevanvoorst.

Op hikenbeginthier.nl staat alles over de workshops en begeleiding bij voettochtvoorbereiding die Shanna Bussink biedt. Je kunt Shanna ook volgen op Instagram: @rayuhikeprep.

Wanda Catsman blogt op wandawandelt.nl en registreert al haar mooie wandelingen op Instagram: @wandawandelt. Op sterkerinjewandelschoenen.nl staat meer informatie over de 'Sterker in je wandelschoenen'-weekenden die zij organiseert met Shanna Bussink.

NOTEN

Het motto is afkomstig uit Jean-Jacques Rousseau, *Les Confessions*, eerste uitgave 1782, gebruikte uitgave: Arvensa éditions (digitale editie). Oorspronkelijke tekst: *'Jamais je n'ai tant pensé, tant existé, tant vécu, tant été moi, si j'ose ainsi dire, que dans ceux [voyages] que j'ai faits seul et à pied.'*

1 Robert Louis Stevenson, 'Walking Tours', 1976. Het essay verscheen oorspronkelijk in *Cornhill Magazine* en werd later opgenomen in de bundel *Virginibus Puerisque, and Other Papers* (1881). De tekst staat integraal op thoughtco.com. *'Now, to be properly enjoyed, a walking tour should be gone upon alone. If you go in a company, or even in pairs, it is no longer a walking tour in anything but name; it is something else and more in the nature of a picnic. A walking tour should be gone upon alone, because freedom is of the essence; because you should be able to stop and go on, and follow this way or that, as the freak takes you [...].'*

2 Frédéric Gros, *Wandelen. Een filosofische gids*. De

Bezige Bij, 2013 (digitale editie).

3 Idem.

4 Ton Lemaire, *Met lichte tred. De wereld van de wandelaar*. Ambo|Anthos, 2019, p. 209.

5 Caspar Janssen, 'Wat was ook alweer de charme van wandelen in je eentje?' In: *de Volkskrant*, 20 april 2020.

6 Florence Williams, *The Nature Fix. Why Nature Makes Us Happier, Healthier, and More Creative*. Norton, 2017, p. 23.

7 'Wat doet een lange wandeling met je lichaam en geest?' Op: nu.nl, 21 juni 2018.

8 'Erik Scherder: Waarom is wandelen goed voor je brein?' Op: youtube.com/watch?v=wjEH2CSi1-s.

9 Frédéric Gros, *Wandelen. Een filosofische gids*. De Bezige Bij, 2013 (digitale editie).

10 Henry David Thoreau, *Walden en De plicht tot burgerlijke ongehoorzaamheid*. De Bezige Bij, 2019, p. 153-154.

11 Rebecca Solnit, *Wanderlust. Een filosofische geschiedenis van het wandelen*. Nijgh & Van Ditmar, 2019 (digitale editie).

12 Jean-Jacques Rousseau, *Les Confessions*, 1782. Arvensa éditions (digitale editie). '*...je ne puis méditer qu'en marchant; sitôt que je m'arrête, je ne pense plus, et ma tête ne va qu'avec mes pieds.*'

13 Frédéric Gros, *Wandelen. Een filosofische gids*. De Bezige Bij, 2013 (digitale editie).

14 Rebecca Solnit, *Wanderlust. Een filosofische geschiedenis van het wandelen*. Nijgh & Van Ditmar,

2019 (digitale editie).

15 Cheryl Strayed, *Wild*. Luitingh-Sijthoff, 2012, p. 235.

16 Henry David Thoreau, *Walden en De plicht tot burgerlijke ongehoorzaamheid*. De Bezige Bij, 2019, p. 155.

17 Frédéric Gros, *Wandelen. Een filosofische gids*. De Bezige Bij, 2013 (digitale editie).

18 Idem.

19 Idem.

20 Rebecca Solnit, *Wanderlust. Een filosofische geschiedenis van het wandelen*. Nijgh & Van Ditmar, 2019 (digitale editie).

21 Gemma Venhuizen, 'Alleen met de bergen.' Op: nrc.nl, 3 april 2020.

22 Idem.

23 Cheryl Strayed, *Wild*. Luitingh-Sijthoff, 2012, p. 200.

24 Gemma Venhuizen, 'Alleen met de bergen.' Op: nrc.nl, 3 april 2020.

25 Cheryl Strayed, *Wild*. Luitingh-Sijthoff, 2012, p. 233.

26 Raynor Winn, *The Salt Path*. Penguin Books, 2019, p. 162-163. '*The contents of the packs lay spread around us on the rocks, lightly steaming in the midday sun. Items that had seemed alien but acceptably practical when we bought them weeks ago were now like family. We saw all their quirks and failings, infuriating as they were, but each item was something we couldn't live without, something we'd*

defend to the last. Even the paper-thin sleeping bags that we were coming to hate were as essential as an annoying sibling.'

27 Cheryl Strayed, *Wild*. Luitingh-Sijthoff, 2012, p. 118.

28 Idem, p. 151.

29 Idem, p. 280.

30 Roanne geeft deze tip in de *Podcast voor Avontuurlijke Vrouwen* van Antonette Spaan, '#11 Roanne van Voorst over omgaan met angsten en uitdagingen'.

31 Henry David Thoreau, 'Walking'. In: *The Atlantic*, juni 1862. Te lezen in het onlinearchief op theatlantic.com.

32 Henry David Thoreau, *Walden en De plicht tot burgerlijke ongehoorzaamheid*. De Bezige Bij, 2019, p. 147.

33 Frédéric Gros, *Wandelen. Een filosofische gids*. De Bezige Bij, 2013 (digitale editie).

34 Florence Williams, *The Nature Fix. Why Nature Makes Us Happier, Healthier, and More Creative*. Norton, 2017, p. 44-45.

35 Frédéric Gros, *Wandelen. Een filosofische gids*. De Bezige Bij, 2013 (digitale editie).

36 Robert Louis Stevenson, *Reis met een ezel door de Cevennen*. Uitgeverij Hoogland en Van Klaveren, 2014, p. 15.

37 Raynor Winn, *The Salt Path*. Penguin Books, 2019, p. 183. *'It could have been the hour we spent examining the rare Autumn Lady's-tresses orchid, or the afternoon trying to photograph one butterfly, or the*

evening hanging over Kynance Cliffs watching the seals in the cove below, but as it got dark we realized we'd probably only covered three miles, so put the tent up around the corner from where we'd taken it down.'

38 Raynor Winn, *The Salt Path*. Penguin Books, 2019, p. 184. *'Only one thing was real, more real to me now than the past we'd lost or the future we didn't have: if I put one foot in front of another, the path would move me forward and a strip of dirt, often no more than a foot wide, had become home.'*

39 Cheryl Strayed, *Wild*. Luitingh-Sijthoff, 2012, p. 147.

40 Robert Louis Stevenson, *Reis met een ezel door de Cevennen*. Uitgeverij Hoogland en Van Klaveren, 2014, p. 85.

41 Idem, p. 87.

42 Josien Wolthuizen, 'Toch wildplasboete: "Vrouwen kunnen ook in urinoirs plassen".' In: *Het Parool*, 18 september 2017.

43 Ton Lemaire, *Met lichte tred. De wereld van de wandelaar*. Ambo|Anthos, 2019, p. 217.

44 Frédéric Gros, *Wandelen. Een filosofische gids*. De Bezige Bij, 2013 (digitale editie).

45 Rebecca Solnit, *Wanderlust. Een filosofische geschiedenis van het wandelen*. Nijgh & Van Ditmar, 2019 (digitale editie).

46 'Minder vrouwen slachtoffer van geweld dan mannen.' Op: cbs.nl, 21 december 2018.

47 Rebecca Solnit, *Wanderlust. Een filosofische ge-*

schiedenis van het wandelen. Nijgh & Van Ditmar, 2019 (digitale editie).

48 Lisa Bouyeure, 'Een ode aan het wandelen: dé remedie tegen stress, angst, burn-out en depressie.' Op: vn.nl, 13 augustus 2019.

49 Rebecca Solnit, *Wanderlust. Een filosofische geschiedenis van het wandelen*. Nijgh & Van Ditmar, 2019 (digitale editie).

50 Idem.

51 Cheryl Strayed, *Wild*. Luitingh-Sijthoff, 2012, p. 92.

52 Dit laatste advies geeft Roanne in de *Podcast voor Avontuurlijke Vrouwen* van Antonette Spaan, '#11 Roanne van Voorst over omgaan met angsten en uitdagingen.'

53 Cheryl Strayed, *Wild*. Luitingh-Sijthoff, 2012, p. 253.

54 Idem, p. 150.

55 Idem, p. 238.